ATLAS de los
PUEBLOS

Philip Steele

ATLAS de los PUEBLOS

Traducción de Élida Marta Colella

Colección Atlas del Saber
EDITORIAL SIGMAR

Ilustraciones de Christa y Adam Hook (Linden Artists)

© 1993, Ilex Publishers Ltd., Oxford.
© 1993, Editorial Sigmar S.A., Belgrano 1580, Buenos Aires,
para la versión en español. Impreso en coedición en Singapur. Printed
in Singapore. Hecho el depósito de ley. Prohibida su reproducción
total o parcial por cualquier medio visual, gráfico o sonoro.
ISBN 950-11-0917-8

CONTENIDO

INTRODUCCIÓN

AMÉRICA DEL NORTE

OCÉANO ATLÁNTICO

Un planeta poblado

El lugar más poblado del mundo es el territorio de Hong Kong, en la costa sur de China. En algunas partes de Hong Kong hay arriba de 5200 habitantes por kilómetro cuadrado. Bangladesh es el más poblado de los países grandes, con más de 700 personas por cada kilómetro cuadrado. Groenlandia es el país más vacío con sólo una persona por cada 41 km2 de tierra.

'COWBOY' DE TEXAS

AMÉRICA CENTRAL

OCÉANO PACÍFICO

D E los nueve planetas que rodean al Sol, sólo en la Tierra es posible la vida. El aire, la luz, el agua y el calor han hecho posible en nuestro planeta la existencia de una gran variedad de plantas y animales. Sin embargo, los seres humanos han aparecido recientemente en la historia de vida sobre la Tierra. Las primeras células vivientes probablemente se desarrollaron en los océanos hace alrededor de cuatro mil millones de años: los seres humanos actuales (homo sapiens) aparecieron hace sólo 40.000 años. Demostraron ser hábiles cazadores y, hace alrededor de 10.000 años, ya habían aprendido la agricultura y la ganadería. En ese tiempo, vivían sólo alrededor de seis millones de personas en todo el mundo.

En la actualidad, la población mundial es de alrededor de 5300 millones. El hombre vive en desiertos y junglas y en ciudades. Viaja alrededor del planeta por tierra, mar o aire. Ha escalado las montañas más altas y visitado las profundidades de los océanos. Ha salido incluso de su planeta y viajado hacia el espacio.

INDIOS AMERICANOS, BOLIVIA

AMÉRICA DEL SUR

Pueblos de América

Los primeros pueblos americanos fueron los esquimales y los indios americanos. En el momento del "descubrimiento" de América por los europeos en el siglo XV, existían más de 600 culturas y sociedades indígenas diferentes en el continente americano. Estos pueblos nativos fueron gradualmente superados en número por los colonizadores europeos y por negros que aquellos traían consigo desde el oeste de África. Muchos de los americanos de la actualidad descienden de la mezcla entre ellos.

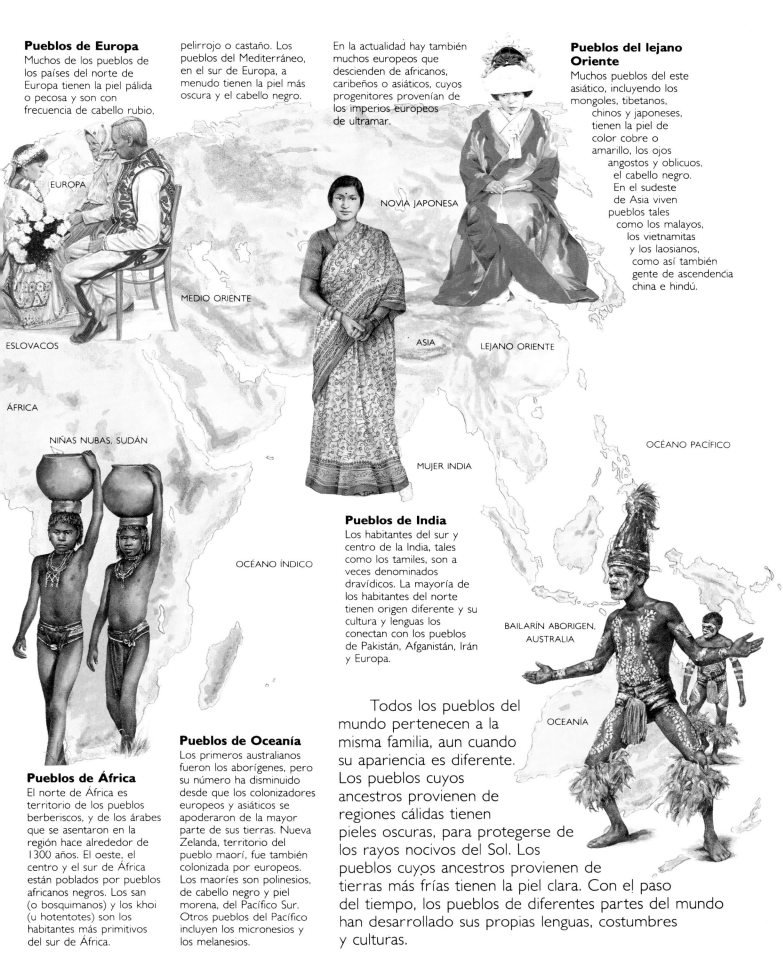

Pueblos de Europa

Muchos de los pueblos de los países del norte de Europa tienen la piel pálida o pecosa y son con frecuencia de cabello rubio, pelirrojo o castaño. Los pueblos del Mediterráneo, en el sur de Europa, a menudo tienen la piel más oscura y el cabello negro.

En la actualidad hay también muchos europeos que descienden de africanos, caribeños o asiáticos, cuyos progenitores provenían de los imperios europeos de ultramar.

EUROPA

ESLOVACOS

MEDIO ORIENTE

ÁFRICA

NIÑAS NUBAS, SUDÁN

NOVIA JAPONESA

ASIA

LEJANO ORIENTE

MUJER INDIA

OCÉANO ÍNDICO

OCÉANO PACÍFICO

Pueblos del lejano Oriente

Muchos pueblos del este asiático, incluyendo los mongoles, tibetanos, chinos y japoneses, tienen la piel de color cobre o amarillo, los ojos angostos y oblicuos, el cabello negro. En el sudeste de Asia viven pueblos tales como los malayos, los vietnamitas y los laosianos, como así también gente de ascendencia china e hindú.

Pueblos de India

Los habitantes del sur y centro de la India, tales como los tamiles, son a veces denominados dravídicos. La mayoría de los habitantes del norte tienen origen diferente y su cultura y lenguas los conectan con los pueblos de Pakistán, Afganistán, Irán y Europa.

BAILARÍN ABORIGEN, AUSTRALIA

OCEANÍA

Pueblos de Oceanía

Los primeros australianos fueron los aborígenes, pero su número ha disminuido desde que los colonizadores europeos y asiáticos se apoderaron de la mayor parte de sus tierras. Nueva Zelanda, territorio del pueblo maorí, fue también colonizada por europeos. Los maoríes son polinesios, de cabello negro y piel morena, del Pacífico Sur. Otros pueblos del Pacífico incluyen los micronesios y los melanesios.

Pueblos de África

El norte de África es territorio de los pueblos berberiscos, y de los árabes que se asentaron en la región hace alrededor de 1300 años. El oeste, el centro y el sur de África están poblados por pueblos africanos negros. Los san (o bosquimanos) y los khoi (u hotentotes) son los habitantes más primitivos del sur de África.

Todos los pueblos del mundo pertenecen a la misma familia, aun cuando su apariencia es diferente. Los pueblos cuyos ancestros provienen de regiones cálidas tienen pieles oscuras, para protegerse de los rayos nocivos del Sol. Los pueblos cuyos ancestros provienen de tierras más frías tienen la piel clara. Con el paso del tiempo, los pueblos de diferentes partes del mundo han desarrollado sus propias lenguas, costumbres y culturas.

DESPLAZÁNDOSE POR EL MUNDO

Los indios americanos

Los primeros pueblos migraron hacia el continente americano desde Asia, hace entre veinte y cuarenta mil años, a través del puente de tierra provocado por la bajante de los niveles marítimos durante la última Edad de Hielo. Hace alrededor de 12.000 años, ellos ya habían llegado al extremo más austral de América del Sur. Desde 1000 A.C. hasta la llegada de los europeos, florecieron grandes civilizaciones, tanto en América Central como en América del Sur.

En 1947 un explorador noruego, Thor Heyerdahl, decidió probar sus teorías acerca de los movimientos de los antiguos pueblos alrededor del mundo. Navegó en una balsa denominada Kon-Tiki a través del Océano Pacífico, para demostrar que los pueblos polinesios pueden haberse originado en Sudamérica.

VIKINGOS

JUAN Y SEBASTIÁN GABOTO 1497

INDIOS AMERICANOS

CRISTÓBAL COLÓN 1492-3

AMÉRICO VESPUCIO 1499-1501

THOR HEYERDAHL 1947

LOS primeros representantes de la raza humana evolucionaron en África hace alrededor de cuatro millones de años. Desde ese momento, los seres humanos se extendieron por todo el mundo. Los pueblos primitivos vagaban en busca de alimento, recogiendo plantas y cazando. Gradualmente, algunos pueblos comenzaron a cultivar la tierra y a domesticar determinados animales. Los primeros labradores se asentaron en la tierra que rodea los ríos Tigris, Éufrates y Nilo, en una zona a la que se conoce como "Media Luna de las Tierras Fértiles". Aprendieron a fabricar herramientas y a trabajar el metal y ejercieron el comercio entre ellos.

A medida que los diferentes pueblos entraban en contacto entre sí, sus lenguas y nuevas ideas se extendían, pero muchas veces había conflictos. Algunos pueblos invadían otras tierras y esclavizaban a sus habitantes, trasladándolos hacia otros países. Algunas veces, diferentes pueblos fueron agrupados bajo la autoridad de un reino o imperio poderoso. Como consecuencia, los límites de muchos países en la actualidad incluyen pueblos de orígenes diferentes, que hablan distintas lenguas.

Los hablantes del bantú

En la actualidad, muchos pueblos africanos hablan lenguas que pertenecen al grupo bantú. Las lenguas bantúes se originaron posiblemente en los alrededores de los ríos Benue y Níger en el oeste de África. Las lenguas fueron transmitidas a varios pueblos que tenían habilidad para trabajar el hierro. En miles de años, muchos de estos pueblos migraron hacia el sur. Hacia el siglo XVIII, la cultura y lengua bantú habían llegado a la costa sur de África.

8

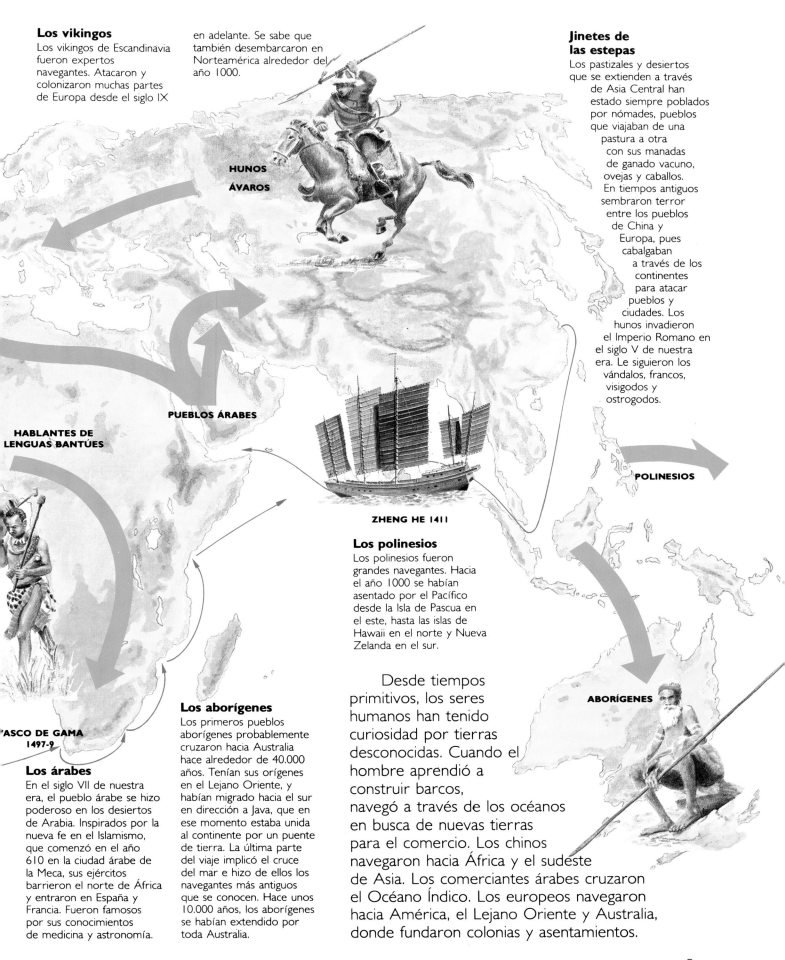

Los vikingos

Los vikingos de Escandinavia fueron expertos navegantes. Atacaron y colonizaron muchas partes de Europa desde el siglo IX en adelante. Se sabe que también desembarcaron en Norteamérica alrededor del año 1000.

Jinetes de las estepas

Los pastizales y desiertos que se extienden a través de Asia Central han estado siempre poblados por nómades, pueblos que viajaban de una pastura a otra con sus manadas de ganado vacuno, ovejas y caballos. En tiempos antiguos sembraron terror entre los pueblos de China y Europa, pues cabalgaban a través de los continentes para atacar pueblos y ciudades. Los hunos invadieron el Imperio Romano en el siglo V de nuestra era. Le siguieron los vándalos, francos, visigodos y ostrogodos.

HUNOS
ÁVAROS

PUEBLOS ÁRABES

HABLANTES DE LENGUAS BANTÚES

POLINESIOS

ZHENG HE 1411

Los polinesios

Los polinesios fueron grandes navegantes. Hacia el año 1000 se habían asentado por el Pacífico desde la Isla de Pascua en el este, hasta las islas de Hawaii en el norte y Nueva Zelanda en el sur.

ABORÍGENES

Los aborígenes

Los primeros pueblos aborígenes probablemente cruzaron hacia Australia hace alrededor de 40.000 años. Tenían sus orígenes en el Lejano Oriente, y habían migrado hacia el sur en dirección a Java, que en ese momento estaba unida al continente por un puente de tierra. La última parte del viaje implicó el cruce del mar e hizo de ellos los navegantes más antiguos que se conocen. Hace unos 10.000 años, los aborígenes se habían extendido por toda Australia.

VASCO DE GAMA
1497-9

Los árabes

En el siglo VII de nuestra era, el pueblo árabe se hizo poderoso en los desiertos de Arabia. Inspirados por la nueva fe en el Islamismo, que comenzó en el año 610 en la ciudad árabe de la Meca, sus ejércitos barrieron el norte de África y entraron en España y Francia. Fueron famosos por sus conocimientos de medicina y astronomía.

Desde tiempos primitivos, los seres humanos han tenido curiosidad por tierras desconocidas. Cuando el hombre aprendió a construir barcos, navegó a través de los océanos en busca de nuevas tierras para el comercio. Los chinos navegaron hacia África y el sudeste de Asia. Los comerciantes árabes cruzaron el Océano Índico. Los europeos navegaron hacia América, el Lejano Oriente y Australia, donde fundaron colonias y asentamientos.

9

AMÉRICA DEL NORTE

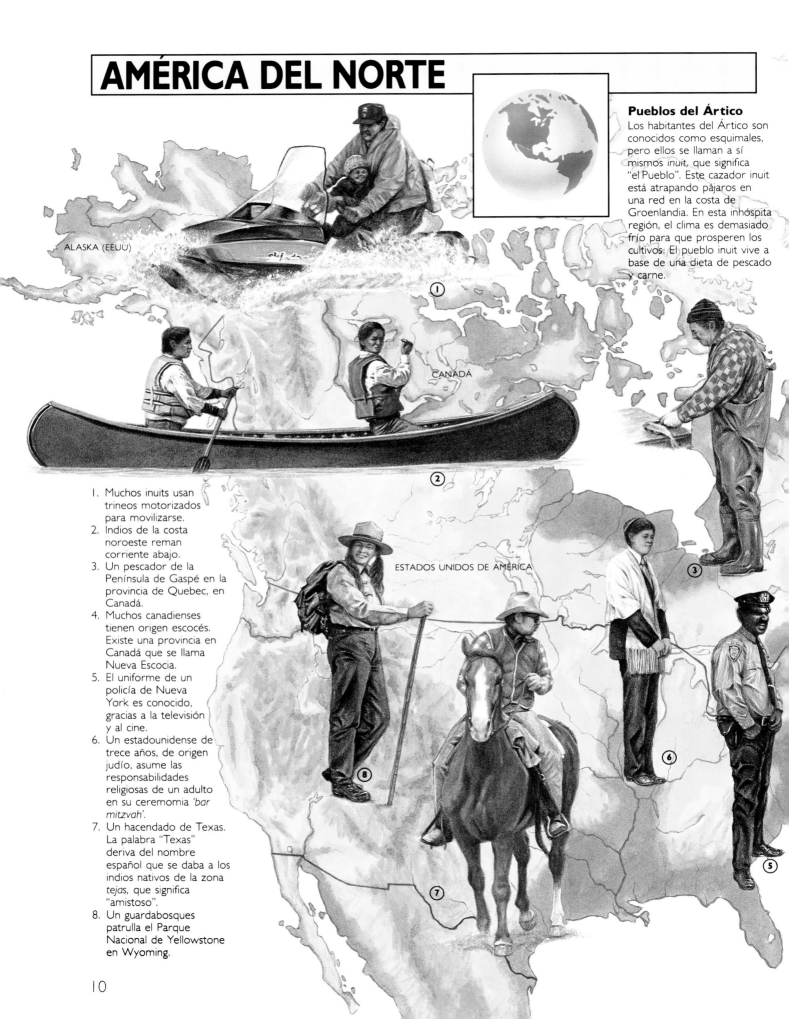

Pueblos del Ártico
Los habitantes del Ártico son conocidos como esquimales, pero ellos se llaman a sí mismos *inuit*, que significa "el Pueblo". Este cazador inuit está atrapando pájaros en una red en la costa de Groenlandia. En esta inhóspita región, el clima es demasiado frío para que prosperen los cultivos. El pueblo inuit vive a base de una dieta de pescado y carne.

ALASKA (EEUU)

CANADÁ

ESTADOS UNIDOS DE AMÉRICA

1. Muchos inuits usan trineos motorizados para movilizarse.
2. Indios de la costa noroeste reman corriente abajo.
3. Un pescador de la Península de Gaspé en la provincia de Quebec, en Canadá.
4. Muchos canadienses tienen origen escocés. Existe una provincia en Canadá que se llama Nueva Escocia.
5. El uniforme de un policía de Nueva York es conocido, gracias a la televisión y al cine.
6. Un estadounidense de trece años, de origen judío, asume las responsabilidades religiosas de un adulto en su ceremomia *'bar mitzvah'*.
7. Un hacendado de Texas. La palabra "Texas" deriva del nombre español que se daba a los indios nativos de la zona *tejas*, que significa "amistoso".
8. Un guardabosques patrulla el Parque Nacional de Yellowstone en Wyoming.

NORTEAMÉRICA es una vasta región que se extiende desde los hielos del Ártico hasta las aguas tropicales del Golfo de México. Entre las costas del Atlántico y del Pacífico hay 4700 kilómetros de montañas, desiertos, bosques y praderas. Los Estados Unidos de América ocupan la parte central de esta masa terrestre, junto con Alaska, en el noroeste. Canadá se extiende a través de los nevados páramos del norte hacia Groenlandia.

Los primeros americanos llegaron desde Siberia, en Asia, que en un tiempo estuvo unida a América. Estos "indios americanos" llegaron entre veinte y cuarenta mil años atrás. Hace alrededor de 1000 años los guerreros vikingos navegaron hacia Norteamérica desde Europa. Sin embargo, fue recién hace alrededor de 400 años que los europeos establecieron asentamientos permanentes en Norteamérica.

Desfile
El gran desfile pasa a través de Washington DC, la capital de Estados Unidos. Las bastoneras caminan haciendo girar sus bastones. Los jinetes usan vestimentas de cowboys (vaqueros) del Lejano Oeste. Presidiendo las celebraciones va el "Tío Sam", la figura tradicional de los Estados Unidos.

En la actualidad, los Estados Unidos de América constituyen una sola nación con su estilo de vida propio. Sin embargo, a muchos de sus pueblos les gusta mantener las tradiciones de sus progenitores. En diferentes partes de los Estados Unidos se pueden ver coloridos festivales públicos o celebraciones que tienen sus orígenes en tradiciones indígenas, o africanas, judías, armenias e hispánicas. Algunas ciudades han conservado lazos con los países de origen de los colonizadores y tienen nombres que son familiares en el "Viejo Mundo", tales como París, Harlem, Norfolk y Nápoles.

El cuarto jueves de noviembre se celebra el Día de Acción de Gracias en todos los Estados Unidos. Éste es el día en que los Padres Peregrinos, colonizadores ingleses llegados en 1620, agradecieron por primera vez a Dios por un año de supervivencia en el "Nuevo Mundo".

Este templo granítico gris en la Ciudad de Salt Lake, Utah, es el centro de la fe mormona. Su construcción llevó 40 años, después de que se asentaran sus cimientos en 1853. La fe mormona se inició en Nueva Inglaterra en 1827, fundada por Joseph Smith y fue llevada a Utah por Brigham Young. Los mormones llevan una vida saludable y disciplinada: no fuman ni beben alcohol ni café.

La era espacial

EL transbordador espacial toma impulso, elevado por dos cohetes de lanzamiento que pronto volverán a la Tierra. Al mismo tiempo que el transbordador circula alrededor de la Tierra, los astronautas llevan a cabo experimentos científicos de gran utilidad, o lanzan nuevos satélites alrededor del planeta. Cuando es el momento de regresar a la Tierra, el

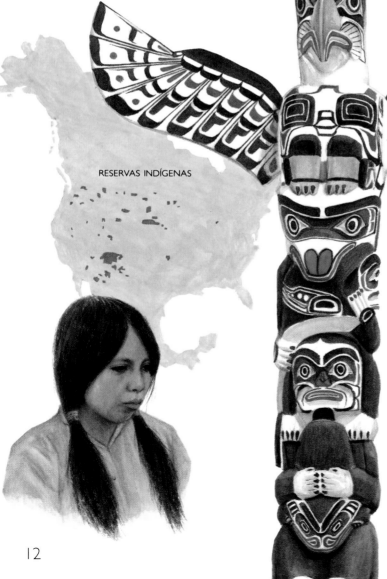

RESERVAS INDÍGENAS

Los primeros americanos

Un gigantesco "pilar totémico" tallado protege una villa india. En la costa noroeste de los Estados Unidos y Canadá, sobre el Pacífico, las tribus indias vivieron de la pesca y de la caza de la ballena. En otras regiones vivían de la agricultura o de la caza de bisontes.

Muchos de estos nativos americanos fueron exterminados en las guerras contra los colonizadores blancos, durante el siglo pasado. Otros murieron a causa de enfermedades traídas por los europeos.

En la actualidad viven alrededor de un millón y medio de estos americanos nativos en los Estados Unidos y otro medio millón vive en Canadá. Muchos de

El mundo moderno se apoya en las computadoras. Entre 1958 y 1969, los científicos americanos descubrieron la forma de hacer computadoras muy pequeñas. Las instrucciones de funcionamiento se ubican en una diminuta lámina de cristal de una sustancia llamada silicio. Este "microchip" es más pequeño que el iris de un ojo humano.

ellos todavía viven en tierras tribales.
Una de las naciones indias más grandes de los Estados Unidos es la de los navajos, situada en el sudoeste.

transbordador se desliza suavemente y aterriza como un avión.

Tanto la ex Unión Soviética como los Estados Unidos tienen importantes proyectos de exploración del espacio. Sondas espaciales han fotografiado Marte, Neptuno, Venus, Saturno y Urano.

Un rodeo

UN rodeo pone a prueba todas las habilidades del cowboy (vaquero), desde enlazar novillos hasta cabalgar un corcoveante potro salvaje. La multitud vitorea y grita al tiempo que el polvo se levanta en el ruedo. Las competencias de rodeo son populares de Texas a Canadá, y mantienen vivas las tradiciones del Lejano Oeste.

Los días gloriosos de los cowboys se dieron en el siglo pasado, cuando trasladaban enormes manadas de ganado a través del campo hacia los pueblos. Desde allí, los trenes llevaban los animales hasta los corrales de Chicago. Muchos inmigrantes europeos pobres, negros e indios fueron cowboys. Era, un trabajo duro, monótono y sucio.

Harlem, Nueva York

En Harlem, Nueva York, es típico jugar al básquetbol. La población de este barrio está constituida casi enteramente por gente de raza negra y gente de origen hispano. Las hileras de casas que se alinean a lo

largo de las calles de Harlem fueron construidas hacia principios de siglo. Los primeros negros comenzaron a llegar a Harlem en la primera década y, hacia 1920, ya se habían establecido como un "gueto", zona de la ciudad en la que vive gente de una misma raza.

Dragones en San Francisco

BAILARINES chino-americanos avanzan girando por las calles de San Francisco como parte de sus celebraciones de Año Nuevo. Llevan un pintoresco dragón de papel que simboliza buena suerte. San Francisco tiene la mayor comunidad china fuera de Asia.

Los chinos llegaron a los Estados Unidos en el siglo XIX, huyendo de la guerra y de la hambruna que azotaba a su país. Al principio no fueron bien recibidos como inmigrantes, pero esta actitud cambió cuando fue necesario tener mano de obra barata para construir los ferrocarriles a través del país. En la actualidad, hay más de 800.000 chinos americanos.

Comunidades religiosas

Muchos europeos huyeron hacia el "Nuevo Mundo" porque no se les permitía seguir sus propias religiones en sus países de origen. Los menonitas

eran un grupo religioso, o secta, que se fundó en Suiza en 1523. En 1620, se dividen y surge una nueva secta, los amanitas.

Tanto los amanitas como los menonitas llegaron a Norteamérica alrededor de 1720. Establecieron pueblos agrícolas en los Estados Unidos y Canadá. Muchos de ellos todavía usan ropas sencillas, hechas en casa y no usan joyas. Algunos todavía se niegan a usar el teléfono, la luz eléctrica y el automóvil.

En superficie, Canadá es el segundo país del mundo: cubre casi diez millones de kilómetros cuadrados. Sin embargo, Canadá tiene sólo 25 millones de habitantes, menos de la mitad de la población de Gran Bretaña. Gran parte de los vastos territorios del norte están cubiertos de bosques o hielo. Las grandes ciudades están todas en el sur, más benigno, cerca de la fronteras con los Estados Unidos. Los canadienses basan su existencia en el cultivo del trigo, la minería, la pesca, la industria y los negocios.

La vida en una villa Inuit

La tierra de los inuit, o esquimales, se denomina *Inuit Nunangat*, o "Tierra del Pueblo". Se extiende más de 6500 kilómetros e incluye las costas árticas de Groenlandia, Canadá, Alaska y una pequeña parte de la ex Unión Soviética.

El Ártico ha cambiado rápidamente en estos últimos años. Se instalaron compañías petroleras y mineras y, donde antes sólo había cabañas de piedra y turba, hay en la actualidad pequeños pueblos con casas de madera, con negocios y escuelas. Los trineos tirados por perros fueron reemplazados por "skidoos", o trineos motorizados y, para viajes largos, se usan helicópteros o aviones livianos.

Los inuit más viejos recuerdan un tipo de vida en la que nada se desperdiciaba. Las focas o los caribúes proveían alimento, vestimenta, grasa, aceite, piel y hueso. El modo de vida actua con frecuencia les parece derrochador y sin objetivos y temer que los inuits más jóvenes nunca conocerán sus formas tradicionales de vida porque quieren vivir como los blancos que han invadido su tierra.

Madera de construcción

Muchos trabajadores canadienses tienen que luchar contra los elementos para poder subsistir. Los pescadores de Terranova arriesgan sus vidas en mares brumosos y tormentosos. Los leñadores de los bosques canadienses viven en remotos campamentos madereros en la campiña nevada. Sin embargo, el transporte moderno y los mejores medios de comunicación han domesticado, en cierta medida, la aridez. Canadá tiene más de cuatro millones de kilómetros cuadrados de bosques. Coníferas gigantes son cortadas con sierras y luego cargadas en enormes camiones o enviadas río abajo hacia los aserraderos. La madera es cortada en planchas y usada luego para la construcción de casas.

¿SABÍAS QUE..?

Si vives en los Estados Unidos, puedes trabajar en las nubes. La Torre Sears, en Chicago, tiene 443 metros de alto y tiene 110 pisos. Los 50 pisos superiores del Centro John Hancock, también en Chicago, tienen 1500 residentes. No les es necesario salir nunca de su casa en los cielos: el rascacielos tiene bancos, restaurantes, negocios, un centro de aptitud física con pileta de natación, oficinas y playa de estacionamiento.

El 40 por ciento de los canadienses son descendientes de británicos, 27 por ciento de franceses y alrededor de 25 por ciento de otros países europeos. Los indios y los inuits constituyen sólo el uno y medio por ciento del total de la población canadiense.

PALABRAS ALREDEDOR DEL MUNDO

EN el contorno de esta página hay distintas clases de palabras. Cada una de ellas significa "palabra" en un idioma diferente. En la actualidad se hablan alrededor de 5000 idiomas en el mundo.

Las primeras palabras fueron posiblemente gruñidos o ruidos simples. Lentamente, los primitivos seres humanos comenzaron a darle sentido a estos sonidos. La gente de una misma tribu usaba las mismas palabras y cuando comerciaban con gente de otras tribus o se trasladaban a nuevas tierras, aprendían nuevas palabras y empezaban a usarlas también.

El primer pueblo cuya escritura se conoce, fue el de los sumerios, alrededor del año 3200 a.C. Usaban marcas cuneiformes, hechas sobre arcilla, probablemente para mantener un registro de las mercancías que comerciaban. Los antiguos egipcios desarrollaron su propia escritura con dibujos denominados jeroglíficos. También inventaron un nuevo y más

conveniente material sobre el cual escribir, el papiro, que se obtenía del tallo de un tipo de junco. De aquí proviene nuestra moderna palabra "papel".

En la actualidad, se usan más de 65 alfabetos diferentes alrededor del mundo, incluyendo el alfabeto romano usado por los hablantes de la lengua inglesa, y la escritura cirílica usada por los hablantes rusos, servios y búlgaros. El idioma que más gente habla en el mundo es el chino standard o mandarín. Se escribe en más de 50.000 símbolos diferentes que se denominan "caracteres". Muchos de los idiomas actuales se relacionan entre sí; por ejemplo, la mayoría de las lenguas asiáticas y europeas pertenecen a la misma familia que se conoce como el grupo indoeuropeo de lenguas.

1. Placa de arcilla sumeria que data de alrededor del año 3000 a.C. Probablemente se trate de una lista de nombres. Los cortes profundos representan números.
2. Escritura egipcia, o jeroglíficos. Esta inscripción fue hecha alrededor del año 2100 a.C.

Las lenguas hoy
El diagrama muestra, en porcentajes, el número de gente que habla los idiomas más difundidos en el mundo.

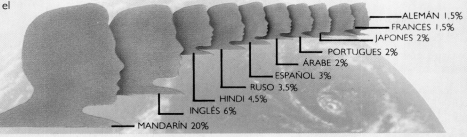

ALEMÁN 1,5%
FRANCES 1,5%
JAPONES 2%
PORTUGUES 2%
ÁRABE 2%
ESPAÑOL 3%
RUSO 3,5%
HINDI 4,5%
INGLÉS 6%
MANDARÍN 20%

AMÉRICA LATINA

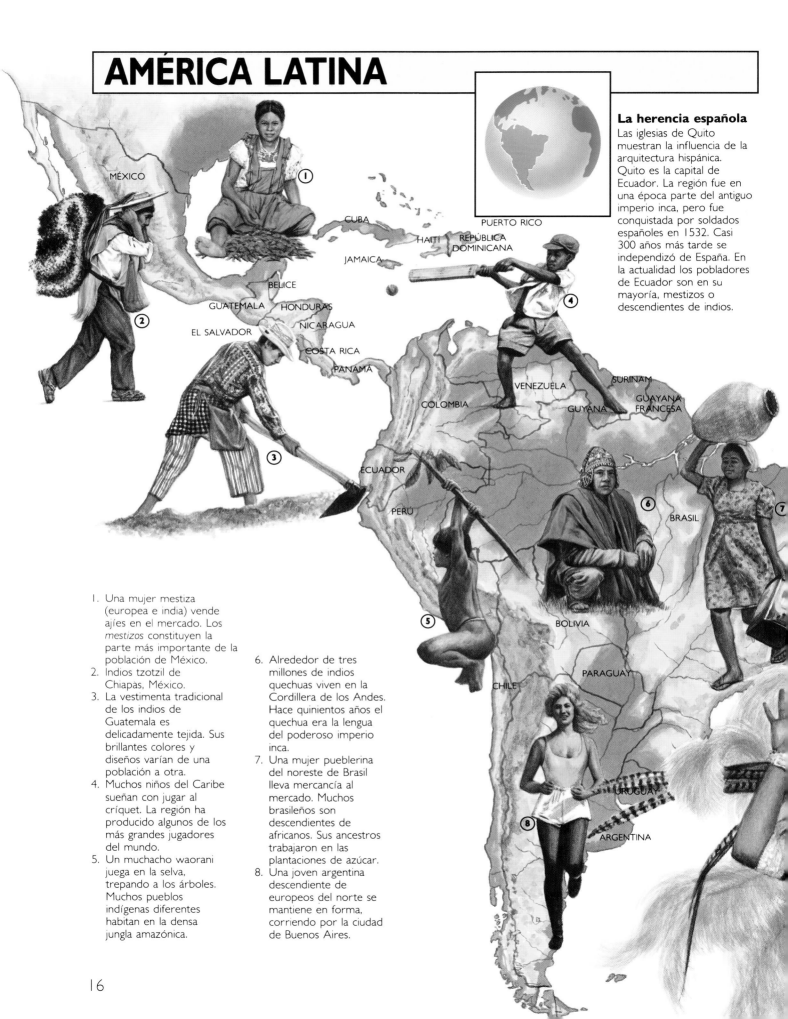

La herencia española

Las iglesias de Quito muestran la influencia de la arquitectura hispánica. Quito es la capital de Ecuador. La región fue en una época parte del antiguo imperio inca, pero fue conquistada por soldados españoles en 1532. Casi 300 años más tarde se independizó de España. En la actualidad los pobladores de Ecuador son en su mayoría, mestizos o descendientes de indios.

1. Una mujer mestiza (europea e india) vende ajíes en el mercado. Los *mestizos* constituyen la parte más importante de la población de México.
2. Indios tzotzil de Chiapas, México.
3. La vestimenta tradicional de los indios de Guatemala es delicadamente tejida. Sus brillantes colores y diseños varían de una población a otra.
4. Muchos niños del Caribe sueñan con jugar al críquet. La región ha producido algunos de los más grandes jugadores del mundo.
5. Un muchacho waorani juega en la selva, trepando a los árboles. Muchos pueblos indígenas diferentes habitan en la densa jungla amazónica.

6. Alrededor de tres millones de indios quechuas viven en la Cordillera de los Andes. Hace quinientos años el quechua era la lengua del poderoso imperio inca.
7. Una mujer pueblerina del noreste de Brasil lleva mercancía al mercado. Muchos brasileños son descendientes de africanos. Sus ancestros trabajaron en las plantaciones de azúcar.
8. Una joven argentina descendiente de europeos del norte se mantiene en forma, corriendo por la ciudad de Buenos Aires.

16

AL SUR del Río Grande, el territorio norteamericano se angosta formando un puente de tierra entre América del Norte y del Sur. México, con su terreno de volcanes, desiertos y bosques, se curva en dirección al sur hacia la península de Yucatán. Los países más pequeños de América Central se ubican hacia el sur en la angosta franja de tierra entre el Océano Pacífico y el Mar Caribe. Las islas del Caribe se extienden al este hacia el Atlántico.

La larga cadena de la Cordillera de los Andes forma una pared sobre el lado oeste de Sudamérica. En la cuenca del gran río Amazonas se encuentran las extensas y húmedas selvas amazónicas. Hacia el sur hay llanuras con pastos y mesetas rocosas, que se extienden en dirección a las turbulentas aguas del Cabo de Hornos.

Samba a través de Río

Cuando se comenzó a festejar el carnaval en Río, la gente se arrojaba harina, arena y agua perfumada. Hoy, el espectacular carnaval de Río dura cuatro días. El desfile final incluye hasta 80.000 personas, usando brillantes vestidos y tocados y bailando el samba. La mejor "escuela de samba" recibe el título de "Campeona de la Avenida".

El lago en el cielo

El lago Titicaca se encuentra a gran altura en la Cordillera de los Andes, entre Bolivia y Perú. A orillas del lago viven los indios aymará. En ese duro clima viven de lo que pueden cultivar en el suelo árido y de lo que pescan en el lago desde sus botes de juncos.

Los primeros europeos llegaron a América Central y del Sur en el siglo XVI. Conquistaron los poderosos imperios indios que encontraron allí, e instalaron rentables plantaciones y minas de oro. Transportaron esclavos desde África, y más tarde trabajadores pobres de Asia, para labrar la tierra. En la actualidad, con frecuencia se usa el nombre "América Latina" para referirse a los países de América que fueron colonizados por naciones latinas, esto es, por España, Portugal o Francia, cuyas lenguas provienen del latín antiguo.

Isleños de Saba

Saba es una diminuta isla montañosa de las Pequeñas Antillas. Cuando fue descubierta por Cristóbal Colón en 1493, estaba habitada por los indios caribes, pero en 1632 fue tomada por los holandeses. Sin embargo, los habitantes blancos no son todos holandeses; algunos aseguran ser descendientes de piratas británicos que capturaron la isla en 1655. En la actualidad, la isla todavía forma parte de las Antillas Holandesas.

Los pueblos del Caribe

CUANDO Cristóbal Colón llegó al Caribe desde España en 1492, encontró las islas habitadas por indios americanos, las tribus de arahuacos, tanalas y caribes. Pero en los siglos XVI y XVII colonizadores españoles, franceses, británicos y holandeses se asentaron en las islas y muchos de estos indios fueron exterminados. Los nuevos habitantes europeos cultivaron azúcar y tabaco en las islas y trajeron esclavos desde África occidental para trabajar en sus plantaciones. En los últimos treinta años, muchas islas del Caribe se declararon independientes. Otras, como Martinica, que pertenece a Francia, están todavía gobernadas por países europeos.

GUADALUPE

DOMINICA

MARTINICA

STA. LUCÍA

SAN VICENTE

GRANADA

Los mares tropicales y los turistas

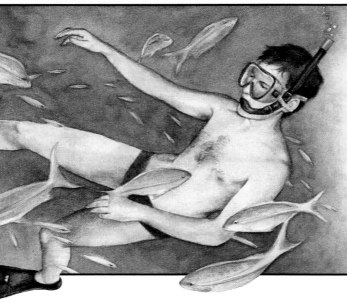

EL Caribe es famoso por sus mares azules y templados, con playas de arena blanca y palmeras. Los arrecifes de coral submarinos alojan miles de peces de brillantes colores.

Casi un millón de turistas visitan la isla de Jamaica cada año. El turismo aporta divisas muy apreciadas a muchas de las islas del Caribe, pero algunas veces amenaza su mundo natural. Corales raros y caparazones de tortugas son llevados como recuerdos y algunas especies corren el riesgo de extinguirse.

Niñas escolares de la más extensa de las islas del Caribe, Cuba, trabajando en el campo. Muchos escolares cubanos asisten a internados no pagos que están situados en el campo. El tiempo se reparte entre sus estudios y las tareas de trabajo de la tierra. Los cultivos más importantes de Cuba son la caña de azúcar y el tabaco.

Sonidos de las islas

LA mezcla de gente que vive en las islas del Caribe ha dado origen a todo tipo de música y estilos de danzas. La mayoría ha recibido una fuerte influencia de ritmos africanos. Calipso, soca, blue, ska y reggae, todos nacieron en el Caribe. Estrellas tales como Bob Marley han popularizado la música reggae en todo el mundo.

Muchas canciones reggae se inspiran en la fe rastafaria. Los rastafarios creen que la tierra africana de Etiopía es su sede espiritual, aunque se encuentren distribuidos en distintos países.

Descendientes de los mayas

EN el estado mexicano de Yucatán, mujeres mayas conversan mientras muelen granos de maíz para hacer harina. Esta harina será mezclada en una masa que usan para hacer *tortillas:* panqueques delgados que se hornean sobre una plancha y se sirven con porotos.

La civilización maya fue uno de los grandes logros culturales de los indios americanos. Entre los años 300 a.C. y 1519 de nuestra era, los mayas construyeron grandes ciudades y templos y llegaron a ser hábiles matemáticos y astrónomos.

Una joven mexicana entra orgullosamente en el ruedo, haciendo gala de su habilidad de cabalgar, en una *charreada.* Esta es una competencia en la que se despliega la destreza en cabalgar y usar el lazo. Es exclusiva de México, aunque es similar a los rodeos de Norteamérica *(ver pág. 13)* La joven monta de costado y viste ropas tradicionales, incluyendo el sombrero de ala ancha, para proteger su cabeza del potente sol.

La ciudad de México

VIEJAS tinas de lata y baldes sirven como bañeras y duchas para estos niños de las villas de la ciudad de México. La capital mexicana es la ciudad más grande del mundo. Tiene más de diez millones de habitantes en el centro y otros siete millones en contornos extendidos irregularmente.

En la actualidad, la población de las ciudades mexicanas continúa creciendo, incrementada por la gente del campo, que va en busca de trabajo.

Mucha de esta gente es muy pobre. Vive en villas y pueblos de cabañas precarias. En la ciudad de México un grupo de alrededor de mil personas vive en cuevas abiertas en la montaña. Además, la capital mexicana se asienta en una zona de terremotos y temblores que ocasionalmente acosan la ciudad y causan gran daño y destrucción.

Desde el año 1200 a.C, la región que actualmente se denomina México fue centro de muchas antiguas civilizaciones indígenas. La última y más famosa fue la de los aztecas. En 1519, un grupo de conquistadores españoles liderados por Hernán Cortés, invadieron y conquistaron al pueblo azteca. Hoy, la mayor parte de la población de México es una mezcla de sangre india y española y se la conoce como *mestiza.* El 92 por ciento de la población mexicana habla español, pero hay más de cinco millones de mexicanos que hablan todavía lenguas indígenas, tales como náhuatl, maya, zapoteca, otomí y mixteco.

Al sudeste de México se encuentran los siete países de América Central, que son más pequeños. Ellos también tienen poblaciones mestizas: por ejemplo, Guatemala está poblada en su mayor parte por descendientes de los indios mayas y quichés, pero la mayoría de la población de Costa Rica desciende de españoles, con algunos negros y unos pocos indios en el sur.

Luchando por la supervivencia

Un jefe kayapo con la tradicional placa que su tribu usa para ensanchar el labio, ubicada en su labio inferior. Los indios kayapos viven en el estado brasilero de Pará, en la selva amazónica. Muchos de ellos han muerto de enfermedades que fueron traídas hasta su zona por gente venida de otros lados. Los mineros trataron de quitarles su tierra, rica en oro.

Los kayapos han luchado en defensa de su territorio y sus derechos con gran habilidad. Por medio de campañas con métodos modernos se ingeniaron para conservar su tierra y preservar sus tradicionales formas de vida.

Mucha gente, inclusive niños, viven una existencia muy miserable en los barrios pobres de las ciudades de Sudamérica. Los basureros les proveen trozos de alimento o viejos cacharros que pueden ser vendidos. Los centros de ciudades como Río de Janeiro son modernos y ricos, pero rodeando los bordes se se encuentran las casuchas endebles de la gente pobre. En estos lugares no hay suministro de agua ni sistemas cloacales adecuados y se junta gran cantidad de desperdicios.

La gente necesita árboles

LAS selvas que rodean al río Amazonas son las más grandes del mundo. Se extienden por miles de kilómetros hacia el norte y sur del ecuador. Árboles, helechos y enredaderas forman una densa pared de vegetación que aloja miles de diferentes especies de plantas y animales.

Muchos pueblos indígenas también viven en la selva.

Se cree que hay alrededor de 180 tribus indígenas y sus tradicionales formas de vida complementan el medio y no lo destruyen. En pequeños claros cerca de sus asentamientos cultivan maíz, batatas, y mandioca (un vegetal de raíz amarga). Cazan y pescan. Cada diez años, más o menos, se mudan a una nueva parte de la selva.

En años recientes mucha

RUTA DEL PERÍMETRO NORTE BEL
RUTA PANAMERICANA
RUTA TRANSAMAZÓNICA
RUTA BELÉM-BRASILI
BRASILIA

ÁREA DE SELVA AMAZÓNICA

Tejedores de los Andes

SE usan las mejores ropas para el mercado en el altiplano boliviano. La gente que habita en estas zonas montañosas son en su mayor parte de ascendencia india. Viven de la cría de llamas, alpacas y vicuñas. Se usa el pelo y la lana de estos animales y la lana de la oveja. Una vez hilados, las mujeres tejen coloridas polleras, frazadas, chales y ponchos.

En el siglo XV muchos indios sudamericanos vivían bajo el dominio de los incas, una civilización que se originó en los Andes. En su mayor expansión, el imperio abarcaba los actuales países de Perú, Ecuador, Bolivia, norte de Argentina y norte de Chile.

Desde la conquista española en el siglo XVI, los países sudamericanos han sido poblados por gente de todo el mundo. En la Guayana Francesa, por ejemplo, hay haitianos, franceses y chinos. En Surinam la gente habla holandés, inglés, hindí chino y javanés. Brasil es de habla portuguesa, pero en todos los otros países de Sudamérica la lengua oficial es el español. En algunas zonas, todavía se hablan los idiomas de los indios americanos.

gente nueva se ha trasladado a la selva. Constructores de caminos, ingenieros, exploradores de minas y petróleo, hacheros, estancieros y agricultores han dejado su marca en la jungla. Si no se detiene la destrucción de la selva, podría no quedar nada en el plazo de 30 ó 40 años. Esto representaría una catástrofe para los indios y para la gente de todo el mundo.

Jinetes de las pampas

AL sur de las selvas y hacia el este de la cordillera de los Andes, hay llanuras con pastos que se conocen como *pampas*. Éste es el país del ganado vacuno y de las *estancias*.

Este *gaucho* viste sus ropas tradicionales. Sus amplias bombachas se pliegan dentro de las botas altas de cuero y lleva espuelas. Usa un pañuelo al cuello y un sombrero de ala ancha. En la actualidad, hay menos rebaños grandes de ganado en Argentina y la era del *gaucho* está desapareciendo rápidamente. Sin embargo muchos argentinos todavía admiran las viejas formas de vida y conservan muchas de las habilidades del gaucho.

A través del Atántico

En 1865 un buque llegó hasta una remota zona del sur de Argentina, denominada Patagonia, trayendo 165 hombres, mujeres y niños desde Gales. Este dibujo muestra algunos de estos valientes inmigrantes. Buscaban libertad de culto y la posibilidad de hablar su propia lengua. Sus descendientes todavía viven en la Patagonia. Algunos continúan hablando el galés y se mantienen en contacto con su viejo país.

¿SABÍAS QUE..?

LA PAZ

PUERTO WILLIAMS

Los indios sudamericanos fueron los primeros en descubrir que la corteza del árbol de quinina contenía propiedades medicinales. Muchas plantas que ahora son comunes en todo el mundo son originarias de Sudamérica. Entre ellas están el gomero, el ananá, la mandioca, el maní, el poroto rastrero y la chaucha de vainilla.

La ciudad boliviana de La Paz es el asiento de gobierno más alto del mundo, a 3631 metros sobre el nivel del mar.

En 1532, los españoles, dirigidos por Francisco Pizarro, capturaron al gobernante inca Atahualpa, a traición. Forzaron a los incas a que pagaran un rescate por el valor de 3.500.000 libras esterlinas. Se llenó una sala entera de oro y plata, pero Atahualpa fue asesinado.

El pueblo que se encuentra más al sur en el mundo es Puerto Williams, en la isla Navarino, al sur de Chile.

Enigma del desierto

Si vuelas en avión sobre los desiertos del sur de Perú, verás una serie de formas extrañas, abajo, en el suelo. Algunas parecen arañas, otras monos o enormes pájaros. Otras tienen formas geométricas. Desde hace muchos años estas formas fueron un enigma para los arqueólogos.

Las figuras se atribuyen a los indios de la región de Nazca, donde se desarrolló una civilización hace alrededor de 2200 años. Para hacer estos posibles 'calendarios' rasparon el suelo hasta llegar llegar a la roca.

21

ÁFRICA

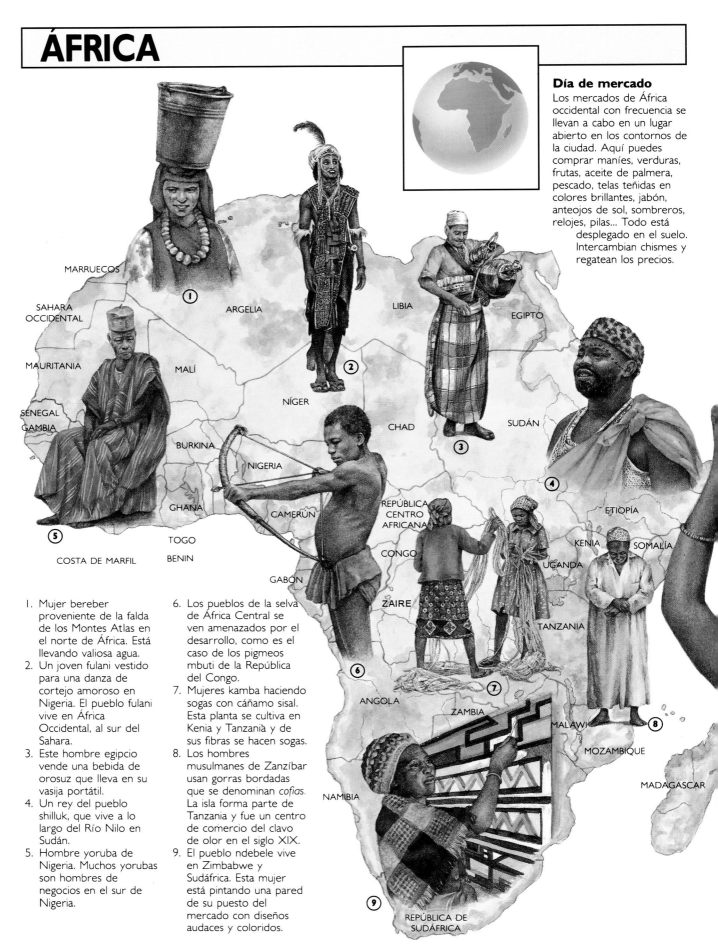

MARRUECOS

SAHARA OCCIDENTAL

ARGELIA

LIBIA

EGIPTO

MAURITANIA

MALÍ

NÍGER

CHAD

SUDÁN

SENEGAL

GAMBIA

BURKINA

NIGERIA

GHANA

CAMERÚN

REPÚBLICA CENTRO AFRICANA

ETIOPÍA

KENIA

SOMALÍA

TOGO

BENIN

COSTA DE MARFIL

GABÓN

CONGO

UGANDA

ZAIRE

TANZANIA

ANGOLA

ZAMBIA

MALAWI

MOZAMBIQUE

NAMIBIA

MADAGASCAR

REPÚBLICA DE SUDÁFRICA

1. Mujer bereber proveniente de la falda de los Montes Atlas en el norte de África. Está llevando valiosa agua.
2. Un joven fulani vestido para una danza de cortejo amoroso en Nigeria. El pueblo fulani vive en África Occidental, al sur del Sahara.
3. Este hombre egipcio vende una bebida de orosuz que lleva en su vasija portátil.
4. Un rey del pueblo shilluk, que vive a lo largo del Río Nilo en Sudán.
5. Hombre yoruba de Nigeria. Muchos yorubas son hombres de negocios en el sur de Nigeria.

6. Los pueblos de la selva de África Central se ven amenazados por el desarrollo, como es el caso de los pigmeos mbuti de la República del Congo.
7. Mujeres kamba haciendo sogas con cáñamo sisal. Esta planta se cultiva en Kenia y Tanzania y de sus fibras se hacen sogas.
8. Los hombres musulmanes de Zanzíbar usan gorras bordadas que se denominan *cofias*. La isla forma parte de Tanzania y fue un centro de comercio del clavo de olor en el siglo XIX.
9. El pueblo ndebele vive en Zimbabwe y Sudáfrica. Esta mujer está pintando una pared de su puesto del mercado con diseños audaces y coloridos.

Hambruna en el Sahel

Alrededor de 50 millones de personas viven en el borde sur del desierto de Sahara, en una región denominada Sahel. Aquí las sequías son frecuentes, lo cual provoca que las cosechas fallen y que el ganado muera. Entonces sobreviene la hambruna. En 1983, alrededor de 300.000 personas murieron de hambre en el norte de Etiopía solamente, y muchos más sufrieron la falta de alimentos durante meses enteros.

ÁFRICA es denominada con frecuencia "la cuna de la humanidad" porque allí comenzó a desarrollarse la raza humana hace alrededor de cuatro millones de años. La gran civilización de los antiguos egipcios creció a lo largo de las fértiles riberas del río Nilo hace alrededor de 5000 años. Más hacia el sur florecieron reinos e imperios, ocultos al mundo exterior por las densas junglas o los ardientes desiertos. La civilización nok de Nigeria existió hace 2000 años. Su gente sabía cómo fundir el hierro y eran delicados escultores. En el sudeste de África, el poblado del Gran Zimbabwe estuvo ocupado desde el siglo IV de nuestra era. Creció hasta ser un centro poderoso en el comercio de oro. Sus paredes de piedras aún se conservan.

La útil calabaza

Una mujer camina hacia el mercado en Níger, con su bebé colgado en la espalda. Una calabaza se balancea sobre su cabeza. Estas grandes carcazas secas se usan como recipientes o vasijas. Se pueden comprar nuevas calabazas en el pueblo y llenarlas con provisiones para el viaje de regreso a casa. Las calabazas que se quiebran son fácilmente reparadas cosiendo las grietas con fibras vegetales.

Los comerciantes europeos y árabes llegaron a África en busca de esclavos, tierra y riqueza. Durante el siglo pasado, casi todo el continente fue dividido en colonias. Recién en los últimos cuarenta años la mayor parte de África recobró la libertad, tras guerras, hambrunas y penurias. Gran parte del continente es todavía silvestre y hermoso, hábitat de las últimas grandes manadas de animales salvajes. Sin embargo, hay también muchas ciudades grandes y modernas, minas y fábricas. La gente se vuelca a las ciudades en busca de trabajo y olvidan las costumbres de sus pueblos. Muchos de los que antes vivían de la caza y de la recolección de frutos, ahora trabajan en granjas.

La costa norte de África bordea el Mar Mediterráneo. A lo largo de la costa, el suelo es fértil, pero hacia el sur el terreno se torna más árido. Más allá de los Montes Atlas se encuentra el ardiente y árido Sahara.

Muchos de los pueblos del desierto del Sahara son nómades. Tribus tales como la de los tuareg no viven en pueblos establecidos sino que se desplazan por el desierto en sus camellos, de un pastizal a otro, según las estaciones.

En el noroeste de África, el río Nilo serpentea a través de la arena y rocas ardientes, bordeado por una franja angosta de tierra fértil. El Nilo tiene dos tributarios principales. El Nilo Blanco fluye a través de la zona de pantanos más extensa del mundo, el Sudd, donde habitan las tribus dinka y nuer; el Nilo Azul se eleva por las tierras altas de Etiopía. Los dos se encuentran en Jartum, la capital de Sudán.

El agua valiosa

UN "shaduf" es un balde ubicado sobre un largo palo que se usa para sacar agua del Río Nilo y hacerla llegar a canales para regar los sembrados. Este método de riego fue desarrollado por los antiguos egipcios, hace tres mil años, y muchos de los granjeros pobres de Egipto lo siguen usando en la actualidad. Otros tienen métodos de riego más modernos con bombas y maquinarias accionadas por motores.

"En el nombre de Alá, el compasivo, el misericordioso..."

UN escriba copia del libro sagrado del Islam, el Corán. En el año 643 de nuestra era, la ciudad egipcia de Alejandría fue capturada por los árabes. Traían consigo una nueva fe: el Islamismo. La religión se extendió por toda la costa norte de África y los nómades que cruzaban el Sahara llevaron la palabra de Mahoma hacia el sur hasta Nigeria. Los marineros árabes fundaron mezquitas a lo largo de la costa este. En la actualidad, hay millones de musulmanes en África.

El pueblo de la Cruz

La religión cristiana tiene raíces antiguas en África. Se dice que la iglesia copta de Egipto fue fundada por San Marcos en el primer siglo de nuestra era. Hoy, hay alrededor de tres millones de coptos en Egipto.

Alrededor del 40 por ciento de los etíopes son cristianos. La iglesia ortodoxa de Etiopía fue sostenida durante cientos de años por el emperador del país. Hay antiguos templos construidos en las rocas de las montañas y los peregrinos caminan largas distancias para visitar los santuarios sagrados.

Sin el Nilo, Egipto no existiría. Durante miles de años s crecientes anuales fueron mo sogas salvavidas para los ricultores del valle del Nilo. verde de los campos todavía nstituye sólo una franja gosta a lo largo de las orillas l río. Sin embargo, en la tualidad, el agua de las ecientes es controlada por a serie de represas. Para nstruir la más grande de das ellas, la represa de wan, se provocó la undación de una vasta zona, briendo la mayor parte de tierras de pastoreo de los eblos nubienses. La vida es ora más fácil para los anjeros y sus tierras oducen dos o tres cosechas el año en lugar de una.

A través del desierto

Muchas carreteras en África, especialmente las que cruzan el desierto, no están marcadas. Los camiones y los jeeps deben andar a las sacudidas a lo largo de los lechos secos de los ríos y evitar las dunas de arena blandas. Viajar a través del desierto más extenso del mundo, el Sahara, es realmente peligroso. En este terreno de rocas, guijarros y arena, los conductores deben seguir las rutas conocidas y controlar el itinerario con las señales del camino. Deben llevar provisiones extras de agua y combustible.

En tiempos antiguos, el norte de África fue asiento de muchas civilizaciones importantes. Los egipcios cultivaron el valle del Río Nilo y construyeron grandes templos y ciudades en el lugar. Los fenicios y los romanos fundaron colonias a lo largo de la costa del Mediterráneo. En el siglo VII de nuestra era, los árabes invadieron y colonizaron la región. En el siglo pasado, el norte de África fue colonizado por franceses, españoles e italianos. Actualmente, las naciones árabes se independizaron.

Los que usan velos

La palabra *tuareg* significa "el pueblo del velo". Los hombres tuareg enróllan largos velos azules o negros alrededor de sus cabezas para protegerse del ardiente sol del desierto. Los tuareg son expertos en supervivencia en el desierto. Tradicionalmente, han vivido en el oeste y sur del Sahara, pero en años recientes, la sequía y la hambruna los desplazaron hacia el sur, a Nigeria. Durante cientos de años los tuareg controlaron el comercio en el Sahara, transportando sal, oro y marfil a través del inmenso desierto.

Los pastores de ganado

Sudán es el país más extenso de África. En el norte la gente es principalmente árabe, pero río arriba, las chozas redondas, con techos de paja de las villas a lo largo del Nilo, pertenecen al pueblo de las tribus dinka, nuer y shilluk. Estos pueblos pastorean ganado. Toman la leche de las vacas como alimento y queman su estiércol para protegerse de los mosquitos. En la vasta zona de pantanos denominada Sudd, los pescadores nuer y dinka cazan desde piraguas para obtener su alimento diario. En los Montes Nuba vive el pueblo de la tribu nuba. Las niñas (a la izquierda) están llevando agua hasta sus casas en la ladera de la montaña, una tarea diaria que es esencial para la supervivencia durante la estación de sequía.

La capital de Nigeria

LAGOS es una ciudad activa y plena de vida. Es un gran puerto y centro de industrias y comunicaciones. Es también la ciudad de crecimiento más rápido de África. La gente del campo se vuelca a la ciudad en busca de fama y fortuna, que raramente encuentran.

Las viviendas son muy pobres. Tres cuartos de las familias de Lagos deben compartir una sola habitación y más del 85 por ciento no tienen provisión de agua corriente.

Mujeres yoruba

Las mujeres del pueblo yoruba de Nigeria manejan el mercado, mientras los hombres permanecen en la casa y cultivan los campos. Las mujeres además tienen que cuidar a sus hijos, cocinar y traer agua de los pozos, con frecuencia desde muchos kilómetros de distancia.

Las villas en muchas partes de Nigeria y Malí tienen pequeñas dependencias de forma redondeadas, hechas de lodo seco. Se usan para almacenar granos y, con frecuencia, se las construye sobre el nivel del terreno para mantener los granos secos y fuera del alcance de ratas y ratones. Los cultivos más extendidos en zonas secas son el sorgo y el mijo. El arroz se cultiva en las regiones más húmedas y ricas.

Sonidos de África

LA música tradicional de África se basa en el ritmo del tambor. Los ritmos africanos tuvieron influencia sobre muchos de los estilos musicales de América del Norte y del Sur, como el jazz y el blue.

En la actualidad, la música popular se escucha desde Malí hasta Zimbabwe. Muchas bandas africanas se han hecho famosas en Europa y América. A menudo usan guitarras eléctricas, tambores, muchos bronces y cantantes de apoyo. Interpretan en estilo "Dhluo" originario de Kenia.

Intérpretes provenientes de Zaire como Franco Luambo Makaidi y Mbilia Bel se han hecho famosos en Europa. Las letras de sus canciones pueden estar en francés o en lingala, un idioma ampliamente usado en Kinshasa y el Río Zaire.

Al sur del Sahara se encuentra un cinturón de tierra seco y polvoriento que se denomina el Sahel. Esta región está habitada por los fulani, que hacen pastar su ganado allí, y por los hausa, que cultivan la tierra. En la década de 1970 la sequía asoló esta región y ahora el ganado se alimenta de lo que queda de pasto pobre y los granjeros tienen una lucha permanente contra las movedizas arenas del desierto.

Más hacia el sur, el clima se torna más húmedo, hay más lluvias y el suelo es más rico. Se cultivan mandiocas, camotes y plátanos en lotes familiares y luego se venden al costado de los caminos. Ciudades modernas y extensas como Lagos están atestadas de automóviles, camiones y ómnibus. Al este del Golfo de Guinea se encuentran los países de África Central. Aquí están las selvas donde habitan los pueblos pigmeos, tales como la tribu mbuti.

LOS ALIMENTOS EN EL MUNDO

TODOS los pueblos del mundo necesitan una dieta saludable y balanceada. Sin embargo, en algunos países no hay suficientes alimentos y mucha gente sufre hambre. En los países más ricos del mundo, los alimentos con frecuencia se desperdician. Como el número de bocas hambrientas va en aumento, los seres humanos necesitan hacer un mejor uso de la tierra que cultivan y de los alimentos que compran.

Hay cultivos que constituyen la base de cualquier dieta. El trigo es básico para mucha gente, porque de él deriva la harina para hacer pan. El arroz es básico en Asia, donde se lo come en casi todas las comidas. Las raíces, como la papa y la mandioca, también son básicas

Un sinnúmero de variedades de frutas, verduras, carnes y pescados son preparados y consumidos de diferentes maneras en el mundo. Las especias picantes, originariamente utilizadas para preservar los alimentos en los países de clima cálido, son comunes en muchos países. Los gustos varían de una tierra a otra. Muchos occidentales dudarían antes de comer serpiente, rata o gorgojos. Y, para muchos asiáticos el queso es poco más que leche agria en descomposición.

1. La hamburguesa se hace con carne de vaca, picada. Se sirve con condimentos y ensaladas.
2. Las *tortillas* mexicanas se hacen con harina de maíz, en forma de delgados panqueques. Los porotos se condimentan con ají picante (chile).
3. En la costa de Ghana, la harina de maíz se cocina al vapor y se hace una masa llamada *kenkey*. Se come con pescado.
4. La cocina francesa es famosa en el mundo. Aquí un plato de mariscos que abundan en la costa de Bretaña.
5. Una comida india se sirve con arroz y un panqueque chato de pan que se llama *chapati*. Hay porciones de lentejas, o *dal*, y una colación de verduras muy condimentadas.
6. Esta comida proviene de la región Sichang de China. Se sirve el arroz con una porción de carne de cerdo picada y maníes en una salsa picante.
7. Arroz, algas marinas, pescado, cuajada de porotos y verduras forman parte importante de la dieta en Japón. Bares *Sushi* sirven deliciosas comidas rápidas a base de pescado crudo y arroz.

Una profunda grieta de la tierra atraviesa el este de África. Se la denomina Valle de la Gran Fisura y está marcada por una cadena de largos lagos entre Uganda y Malawi, como así también por volcanes extinguidos tales como el Kilimanjaro o el Monte Kenia. En su extremo norte vive el pueblo afar, pastores que sobreviven en las áridas tierras desérticas que rodean al río Awash. Hacia el sur, en Kenia, Tanzania y Uganda, enormes manadas de elefantes, jirafas y muchos otros animales todavía vagan por la vasta sabana. Ésta fue también en una época, terreno de caza de muchos pueblos africanos, incluidos los masai. Ahora muchos de estos pueblos abandonaron sus territorios tradicionales y se asentaron en las grandes ciudades, como Nairobi y Mombasa.

¿SABÍAS QUE..?

Se han encontrado fósiles de nuestros ancestros humanos primitivos en África. En 1985, se descubrió un esqueleto fósil *(derecha)* cerca del lago Turkana, en Kenia. Había pertenecido a un niño y tenía 1.600.000 años. Era del tipo conocido como *Homo erectus*.

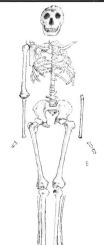

El pueblo de menor estatura en el mundo es el de los mbuti de Zaire. Algunas mujeres adultas entre los mbuti miden 1,24 metros.

La gente de mayor estatura del mundo son los dinka de Sudán y los tutsi de Ruanda y Burundi. Un hombre adulto de ambos pueblos tiene una estatura promedio de más de 1,95 metros.

Las herramientas de piedra más antiguas que se conocen fueron halladas en Etiopía. Datan de 2.500.000 años atrás.

Una tierra dividida

En el pasado, los Xhosa vivían del cultivo del maíz y de la cría de ganado. Hoy, muchos de ellos son trabajadores migrantes, en las minas de oro de Sudáfrica, a miles de kilómetros de sus tierras de origen.

Muchos pueblos negros de Sudáfrica viven en "territorios" creados por el gobierno sudafricano. El pueblo negro no tiene autorización de votar para elegir gobierno. Con la política de *apartheid*, la gente blanca y negra de Sudáfrica vive y trabaja por separado. En la actualidad hay planes de poner fin a este sistema.

Los guerreros masai

EL pueblo masai vivía originariamente en las cercanías del Nilo. Hace alrededor de 400 años, se trasladaron hacia el sur, llevando sus rebaños de ganado y cabras con ellos, para asentarse en las planicies que rodean al Kilimanjaro. Los límites marcados por los europeos en el siglo pasado dividieron su territorio entre dos países, los actuales estados independientes de Tanzania y Kenia. Gran parte de la tierra de los masai fue otorgada a los colonizadores europeos o, más recientemente, transformada en reservas naturales para la protección de la vida silvestre africana.

A pesar de la pérdida de su territorio, los masai han protegido ferozmente sus modos tradicionales de vida. Su alimento principal es la leche, aunque ésta es complementada con sangre que sacan del ganado vacuno. Raramente matan a sus vacas. Son demasiado valiosas como para comerlas de una sola vez.

Los hombres masai se dividen en grupos de acuerdo con las edades. A la edad de 16 años, un joven pasa a ser un *moran*, o guerrero. Se retira a vivir en un campamento separado llamado *manyatta*. Aquí los guerreros masai llevan largas lanzas, trenzan su cabello, y pintan sus cuerpos con ocre. Usan clavijas y aros en sus orejas y se envuelven en características capas color rojo escarlata.

Los hombres masai pueden tener varias esposas: la riqueza de un hombre puede medirse por el número de esposas que tiene. Las mujeres se rapan la cabeza y usan vinchas de cuentas. Viven en sus propias chozas separadas.

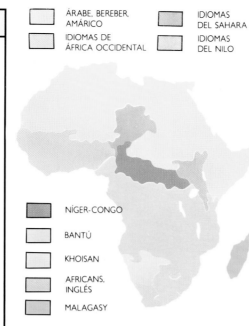

ÁRABE, BEREBER, AMÁRICO	IDIOMAS DEL SAHARA
IDIOMAS DE ÁFRICA OCCIDENTAL	IDIOMAS DEL NILO

NÍGER-CONGO
BANTÚ
KHOISAN
AFRICANS, INGLÉS
MALAGASY

La palabra hablada

Muchos son los idiomas y dialectos que se hablan en África. Ellos reflejan la gran riqueza cultural que hay en el continente. En el norte se hablan muchos dialectos diferentes provenientes de los idiomas beréberes y árabes. La principal lengua de Etiopía es el amárico.

Las lenguas que crecieron en los alrededores del río Nilo incluyen el dinka, nuer, shilluk y luo. Los idiomas en el oeste de África incluyen fufulde, olof y akan.

Al sur del ecuador la mayoría de los pueblos africanos hablan lenguas que pertenecen a la familia bantú. Una de las más extendidas es el swahili. Otras son el shona, xhosa, zulú y ndebele.

Los zulúes

Es día de lavar la ropa para una mujer zulú que vive en Sudáfrica. Hay mas de cinco millones y medio de habitantes que pertenecen a la tribu zulú. Muchos viven en el campo. Otros viven en grandes ciudades como Durban.

La nación zulú surgió como poder hace alrededor de 200 años. Conquistaron pueblos vecinos y libraron crudas batallas contra los británicos bajo el liderazgo de su gran jefe, Cetewayo.

Los cazadores del desierto

EL pueblo san, o "bosquimanos", vagaba en tiempos pasados por todo el sur de África. Hoy su territorio se encuentra confinado a zonas sobre los límites del desierto de Kalahari en Namibia, Botswana, Angola y Sudáfrica. Son expertos en supervivencia en el desierto. Pueden encontrar brotes subterráneos y extraer humedad de las raíces de las plantas.

Al sur del río Zambeze, el mapa de África presenta dos extensos desiertos, el Kalahari y el de Namibia. Sudáfrica en sí es un país de montañas, sierras con vegetación y granjas donde se cultivan vides y naranjos.

En el siglo pasado, el sur y el este de África fueron colonizados por los británicos, holandeses, alemanes y portugueses.

Fueron estos europeos los que marcaron los límites actuales. Muchos de los pueblos africanos tuvieron largas luchas para conseguir su libertad y en Sudáfrica, éstas aún no han terminado.

EUROPA

1. Las lluvias suaves y los verdes pastizales hacen de Irlanda un lugar ideal para la producción lechera.

2. La mojiganga fue alguna vez parte importante de las celebraciones del 1° de Mayo en Inglaterra.

3. Escandinavia es centro de deportes de invierno. Los esquíes en Suecia datan de 4500 años atrás. Estos suecos están participando de una carrera de yates sobre el hielo.

4. Francia es el segundo productor de vinos del mundo, después de Italia.

5. Un hombre de Bavaria usa sus pantalones tradicionales, los *Lederhosen*. Bavaria, fue en otro tiempo, un reino independiente. Hoy es parte del sur de Alemania.

6. Una peregrina polaca camina hacia el santuario católico romano de la Virgen Negra, en el monasterio de Jasna Gora.

7. Una mujer española haciendo puntillas, mueve las bobinas de hilo, en su patrón marcado con alfileres.

8. En el famoso *Palio*, en la ciudad italiana de Siena, los corredores de caballos usan ropas de tiempos medievales.

ISLANDIA
FINLANDIA
NORUEGA
SUECIA
DINAMARCA
POLONIA
REINO UNIDO
PAISES BAJOS
IRLANDA
BÉLGICA
REPÚBLICA CHECA
ALEMANIA
REPÚBLICA ESLOVACA
HUNGRIA
AUSTRIA
SUIZA
ESLOVENIA
ITALIA
CROACIA
FRANCIA
YUGOSLAVIA
BOSNIA HERZEGOVIN
MACEDO
PORTUGAL
ALBANIA
ESPAÑA
GRE

Una calle en París

París es una de las más hermosas ciudades de Europa, famosa por su arte y arquitectura, su moda y su comida. Casi nueve millones de habitantes viven en la zona de París, y alrededor de dos millones viven en la ciudad en sí.

Si haces una caminata por las calles parisinas en una tarde de verano, podrás encontrarte con muchas vistas tradicionales, como artistas callejeros o vendedores de flores. También podrás admirar las particulares entradas a las estaciones de subterráneos, el *Metro*, hechas en *art-nouveau*.

Casamiento eslovaco

Vestida con su traje bordado tradicional, una novia eslovaca y su novio reciben el permiso formal de sus padres antes del casamiento. Casi cinco millones de eslovacos viven repartidos en la República Eslovaca y la República Checa. Habitan la zona también los checos, polacos, húngaros, gitanos, alemanes, ucranianos y rusos.

E UROPA está limitada por el Océano Atlántico al oeste, el Océano Glacial Ártico al norte y el Mar Mediterráneo al sur. El límite oriental es terrestre, a lo largo de los Montes Urales, el río Ural y el Mar Caspio. Al sur limita con los Montes del Cáucaso, el Mar Negro, el estrecho del Bósforo y el Mar Mediterráneo.

Europa es el segundo entre los continentes menos extensos; sin embargo, el poder y la influencia de sus pueblos se ha hecho sentir en todo el mundo. A través de los siglos, los europeos han emigrado para instalar nuevas sociedades, desde Australia hasta Canadá. Muchos países europeos construyeron extensos imperios en el siglo XIX, explotando los diferentes recursos de sus posesiones coloniales para aumentar su propio poder y riqueza. Europa en sí tiene tierras ricas y grandes recursos minerales que la hacen una potencia tanto agrícola como industrial. Su limitada extensión facilita las comunicaciones; rápidas autopistas unen las ciudades de diferentes regiones y las rutas marítimas de Europa son las más activas del mundo.

A lo largo del tiempo, los europeos y su modo de vida ejercieron influencia sobre el resto del mundo, de muchas maneras. Europa ha producido grandes pensadores, legisladores, músicos, escritores, artistas e inventores. Fue también el centro de dos guerras mundiales.

Hace dos mil años, la mayor parte de Europa se encontraba bajo el dominio de los romanos. Ellos controlaban su extenso imperio por medio de un ejército muy disciplinado y, haciendo uso de sus conocimientos de ingeniería, construyeron ciudades y caminos. Cuando cayó el imperio romano, Europa volvió a ser escenario de guerras entre pequeños estados. Estos se unían a veces por una fe común, el Cristianismo, pero también con igual frecuencia se dividían por razones religiosas.

Surgieron las naciones, grandes países que a menudo incluían dentro de sus fronteras a pueblos de distintas lenguas y culturas. Algunas naciones colonizaron y gobernaron otras partes del mundo; en la actualidad, sus imperios ya no existen y deben hacer cambios, en procura de una Europa unificada.

El este se encuentra con el oeste

Durante 28 años, la ciudad alemana de Berlín estuvo dividida en dos. Una pared de cemento con alambre de púa en su parte superior, atravesaba el centro de la ciudad. La gente que intentaba cruzar la pared sin permiso corría riesgo de ser fusilada.

¿Por qué estaba dividida la ciudad? Durante la Segunda Guerra Mundial, el líder alemán nazi, Adolfo Hitler, había tratado de conquistar Europa. Después de su derrota, las tropas francesas, británicas, americanas y soviéticas ocuparon Alemania. Berlín,

Máscaras y capas agregan un aire de misterio a la celebración de festivales en Venecia. Esta bella ciudad italiana fue en otra época centro de un poderoso estado, famoso por sus hermosos edificios, su riqueza y su amor por el placer. En aquellos tiempos, las celebraciones y mascaradas tenían lugar antes de la Cuaresma, durante la cual los cristianos ayunaban y oraban durante 40 días.

Flamenco

La mujer cimbrea su cuerpo, levantando sus brazos y arremolinando sus polleras. Baila al ritmo de la guitarra, palmeando, castañeteando los dedos y gritando. Puede hacer sonar las castañuelas, aunque éstas no formaban parte de la danza original.

El flamenco es un estilo de música, canto y danza que se desarrolló en los últimos 600 años en Andalucía, una región de España. Andalucía estuvo gobernada por los árabes durante siglos. Estuvo también habitada por los gitanos —un pueblo errante originario de la India— que se extendieron por Europa durante la Edad Media. Las

la capital de Alemania, estaba en el medio de la zona soviética, pero fue a su vez dividida en cuatro sectores.

Mucha gente que vivía en el este de Berlín estaba disconforme con el régimen comunista impuesto por los soviéticos. Entonces escapaban hacia los otros sectores de ocupación que constituían Berlín Occidental. En 1961, el gobierno de Alemania Oriental construyó un muro para evitar que la gente escapara.

En 1989, hubo cambios en el este de Europa. El 10 de noviembre, finalmente se permitió a los alemanes orientales que visitaran el oeste. Pasaron en multitud sobre la pared y comenzaron a derribarla. Una nueva Europa unida estaba naciendo.

Suecia se extiende desde el Círculo Polar Ártico hacia el sur. En invierno los días son muy cortos y sumamente fríos, pero el verano trae días templados, largos y soleados, en los que el sol, en el norte, nunca desaparece totalmente en el horizonte. La víspera del solsticio de verano se celebra con fiestas y disfraces. En los pueblos de campo, se decoran altos postes con guirnaldas y se baila al compás de la música de violines y acordeones.

La historia de los habitantes de Europa es la de muchas culturas diferentes. Los húngaros y los pueblos eslavos, como los polacos, los checos, los eslovacos y los rusos, viven en las grandes llanuras del este y centro de Europa. El norte del continente está habitado por los finlandeses, los lapones y pueblos que hablan lenguas germánicas, como los ingleses, los holandeses, los alemanes y los suecos. Los pueblos celtas, que incluyen los irlandeses, escoceses, galeses y bretones, habitan el noroeste, a lo largo de la costa atlántica. En el sur, los franceses, españoles, portugueses e italianos hablan lenguas "romances" que derivan del latín, el idioma de los antiguos romanos. Muchos inmigrantes de Asia, África y el Caribe se han instalado en Europa en años recientes.

músicas de todos estos pueblos se fusionaron en el flamenco, que interpretaban los gitanos de Andalucía.

En la actualidad, Andalucía es visitada por muchos turistas, a quienes les encanta oír el flamenco y ver su colorida danza, que no siempre mantiene su estilo tradicional. Sin embargo, también se puede ver y oír el verdadero flamenco, que sigue siendo muy popular.

Cuando los españoles colonizaron América Central y del Sur, llevaron consigo su música. La influencia del flamenco puede sentirse en la música de estos países.

Inglaterra versus Gales

La multitud canta y ruge mientras Gales se enfrenta con Inglaterra en un partido de rugby. El juego fue inventado durante un partido de fútbol escolar en Inglaterra en 1823. Un jugador quebró todas las reglas al tomar la pelota y salir corriendo con ella. Hoy se usa una pelota ovalada y hay 15 jugadores en cada equipo. El rugby es el deporte nacional de Gales, y es muy popular tanto en Inglaterra y Escocia como en Irlanda, Francia y Rumania. El deporte ha salido de las fronteras de Europa y algunos de sus mejores jugadores provienen de Nueva Zelanda y Australia.

Trabajadores extranjeros

En los tranvías y ómnibus de Alemania y los Países Bajos, es común oír que se habla turco. Desde la década de 1960, mucha gente se ha trasladado de las regiones más pobres de Europa para trabajar en los países ricos. Estos trabajadores tuvieron una aceptación poco favorable, percibiendo bajos salarios y vivienda pobre.

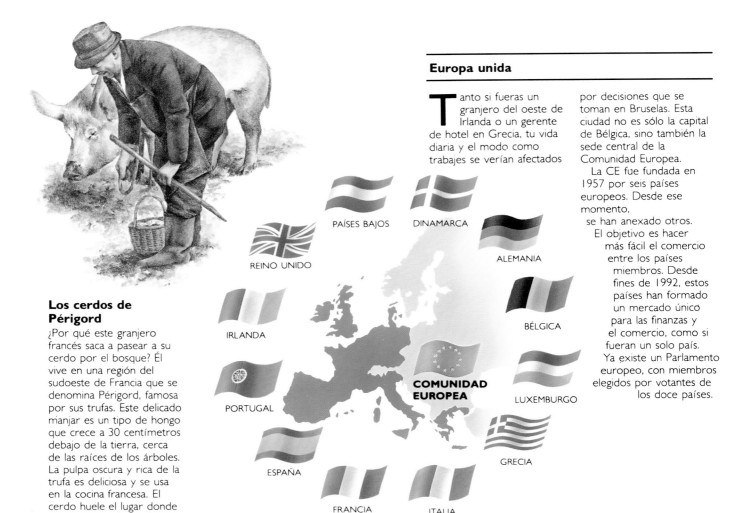

Los cerdos de Périgord

¿Por qué este granjero francés saca a pasear a su cerdo por el bosque? Él vive en una región del sudoeste de Francia que se denomina Périgord, famosa por sus trufas. Este delicado manjar es un tipo de hongo que crece a 30 centímetros debajo de la tierra, cerca de las raíces de los árboles. La pulpa oscura y rica de la trufa es deliciosa y se usa en la cocina francesa. El cerdo huele el lugar donde se encuentran las trufas.

Viviendo en un canal

"Netherlands", nombre que también se da a Holanda, significa tierras bajas y gran parte de sus terrenos se encuentran bajo el nivel del mar. Durante cientos de años, los holandeses han luchado contra las aguas. Amsterdam es una ciudad que se construyó originariamente en tierras húmedas. Por debajo de la calle, los viejos edificios están sostenidos por largos pilares de madera. La ciudad se desaguaba por medio de canales.

Europa unida

Tanto si fueras un granjero del oeste de Irlanda o un gerente de hotel en Grecia, tu vida diaria y el modo como trabajes se verían afectados por decisiones que se toman en Bruselas. Esta ciudad no es sólo la capital de Bélgica, sino también la sede central de la Comunidad Europea.

La CE fue fundada en 1957 por seis países europeos. Desde ese momento, se han anexado otros.

El objetivo es hacer más fácil el comercio entre los países miembros. Desde fines de 1992, estos países han formado un mercado único para las finanzas y el comercio, como si fueran un solo país.

Ya existe un Parlamento europeo, con miembros elegidos por votantes de los doce países.

PAÍSES BAJOS • DINAMARCA • REINO UNIDO • ALEMANIA • IRLANDA • BÉLGICA • PORTUGAL • LUXEMBURGO • ESPAÑA • GRECIA • FRANCIA • ITALIA

COMUNIDAD EUROPEA

¿SABÍAS QUE..?

El país más pequeño del mundo cubre sólo 44 hectáreas. Es la Ciudad del Vaticano, y está situada dentro de la capital italiana, Roma. Es el lugar donde vive el Papa, cabeza de la Iglesia Católica Romana. Es también el único país en el mundo donde la lengua oficial es el latín. La Basílica de San Pedro (derecha), la iglesia más grande del mundo, domina la Ciudad del Vaticano.

¿Qué país se movió hacia un costado en el mapa? En 1945, después de la Segunda Guerra Mundial, Polonia tuvo que ceder a la ex Unión Soviética, tierras de su frontera este. Al mismo tiempo recibió en la frontera oeste terrenos que habían pertenecido a Alemania.

El Parlamento de Islandia es el cuerpo legislativo más antiguo que existe. Se lo denomina "Althing" y data del año 930 de nuestra era.

LA VESTIMENTA EN EL MUNDO

EN muchas partes del mundo moderno la gente se viste de manera similar. Los jeans y las remeras son populares de este a oeste. Los hombres y mujeres de negocios usan ropas elegantes. Los obreros de las fábricas y del campo usan overoles y ropa resistente. Sin embargo, las ropas tradicionales son todavía la opción más práctica en algunas regiones del mundo. En países muy cálidos, las túnicas largas, los turbantes y velos protegen del sol y del excesivo calor. En las regiones árticas, lanas y pieles abrigan a los esquimales y a los siberianos.

En muchos lugares, los trajes tradicionales se usan en ocasiones o ceremonias especiales. La indumentaria puede ser usada para marcar el rango: los reyes y reinas usan coronas, los caciques indios americanos usan tocados con plumas de águila en sus cabezas. La manera como se viste, indica con frecuencia que se pertenece a un grupo humano particular. Los diseños de las polleras escocesas varían de un clan a otro. La vestimenta y adornos de los criadores africanos muestran a qué tribu pertenecen y a menudo también, a qué grupo según la edad.

Para sus danzas ceremoniales, los guerreros de Papúa Nueva Guinea se adornan con plumas y pinturas de brillante colorido.

La colorida vestimenta de los indios peruanos se teje con lana de sus alpacas, llamas y ovejas.

Hombres y mujeres de Japón usan todavía el quimono para ocasiones especiales.

La elegante túnica de este hombre de Nigeria está tejida en tiras y coloreada con tintura índigo.

La mayoría de las mujeres de la India continúan usando su vestido tradicional, el sari.

La falda kilt escocesa, tableada, es usada por hombres y mujeres.

35

El juego de la pelota

El deporte nacional del pueblo vasco se conoce como *jai alai*, o juego de pelota. Se arroja fuertemente una pelota contra la pared. Una paleta de mimbre hace que la pelota tome alta velocidad. Este deporte es también popular en toda España, las Filipinas y América Latina.

La riqueza de idiomas

LAS fronteras de los países europeos incluyen, con frecuencia, pueblos de diferentes orígenes que hablan una variedad de idiomas. En lo que era Yugoslavia hasta 1991, actualmente Eslovenia, Croacia, Bosnia Herzegovina, Yugoslavia y Macedonia se hablan por lo menos 8 idiomas diferentes, de los que el servocroata es el más usado.

La mayoría de las lenguas del este de Europa pertenecen al grupo indoeuropeo. La lengua húngara, 'magiar', como el finlandés pertenece al grupo uraloaltaico, y no se relaciona con las otras lenguas europeas.

CHECO
POLACO
ESLOVACO
HÚNGARO
RUMANO
ESLOVENO
SERVOCROATA
MONTENEGRINO
ALBANÉS
MACEDONIO
BÚLGARO
TURCO

POLONIA
REPÚBLICA CHECA
REPÚBLICA ESLOVACA
HUNGRÍA
ESLOVENIA
CROACIA
BOSNIA HERZEGOVINA
YUGOSLAVIA
RUMANIA
BULGARIA
MACEDONIA
ALBANIA

¿De qué viven los pueblos de Europa? Los primeros europeos vivieron de la caza y de la pesca. Más tarde, aprendieron a cultivar la tierra, y talaron extensos bosques para dedicar el terreno a la agricultura y a la ganadería. En los últimos 250 años, lograron grandes avances en la ciencia y la tecnología. Gran Bretaña fue el primer país en el mundo que construyó ferrocarriles, fábricas y grandes ciudades industriales. Los otros países de Europa pronto hicieron lo mismo y, en la actualidad, esta industrialización se ha extendido a todo el mundo.

El Islamismo en Europa

Muchos musulmanes viven en lo que fue Yugoslavia, partes de la cual estuvieron en una época dominadas por los turcos otomanos. Mezquitas como ésta son comunes en muchas ciudades del sudeste europeo. Las diferencias de credo entre grupos étnicos en la ex Yugoslavia han contribuido a la ruptura del país.

Los *gorale* son granjeros que viven en las altas laderas de los Montes Tatra en Polonia. Protegen celosamente sus tradiciones y costumbres. Hablan su propio dialecto del polaco y usan vestimentas finamente bordadas en los casamientos y otras ocasiones especiales.

Con el crecimiento de la población en Europa, se ha tenido que producir más y más alimentos. Sin embargo, cada vez son menos las personas que deben dedicarse a trabajar como granjeros o pescadores. Gran parte de su trabajo se hace más fácilmente por medio de maquinarias. La industria europea todavía produce autos, buques y tejidos, tanto como computadoras y artículos electrónicos, pero debe hacer frente a la competencia de países como Japón y Estados Unidos. Muchos europeos trabajan ahora en los "servicios", como las finanzas, el comercio internacional o el turismo. Ciudades europeas como Londres, Frankfurt y Zurich son importantes centros mundiales de finanzas.

Pastores de renos

EL pueblo saami (también llamado lapón) vive a orillas del Ártico en Noruega, Suecia, Finlandia y la ex Unión Soviética. Algunos de los saami siguen conservando su vida nómade tradicional. Cada primavera llevan sus renos desde las tierras en que se alimentan en invierno, hasta los pastizales de verano en las tierras altas.

La lluvia mortal

Muchos árboles y lagos de Europa se han contaminado con la "lluvia ácida". El humo de las fábricas y las emanaciones del transporte en las ciudades industriales son llevados por el viento y caen con la lluvia sobre los bosques de Escandinavia y de Europa Central. En toda Europa se hacen campañas en favor de un medio ambiente más limpio.

En movimiento

LOS gitanos, o pueblo romaní, son posiblemente originarios de la India. Hace alrededor de mil años empezaron a migrar hacia el oeste y durante la Edad Media se extendieron por toda Europa. Nunca se asentaban en un lugar sino que viajaban en casas rodantes, con frecuencia pintadas de brillantes colores y tiradas por caballos. Hablaban la lengua romaní y vivían del comercio de caballos y del trabajo en metales. En la actualidad quedan alrededor de 500.000 gitanos. Algunos se han asentado en las ciudades, pero otros todavía siguen por los caminos aunque, ahora, en modernas casas rodantes.

EX-UNIÓN SOVIÉTICA

EN lo que fue la Unión Soviética existen ahora 15 estados diferentes que cubren una superficie de 22 millones de kilómetros cuadrados. Unos pertenecen a Europa, otros a Asia y uno de ellos, la Federación Rusa, se halla dividido en dos partes, la europea y la asiática, por el límite de los Montes Urales y el Río Ural. Tienen 284 millones de habitantes. Los rusos conforman la mitad de su población, pero hay más de 100 pueblos que viven dentro de sus límites, cada uno de ellos con sus propias culturas e idiomas. En distintas fechas, en la segunda mitad de 1991, cada uno de los estados reclamaron su independencia y ahora tienen mayor control sobre sus propios asuntos.

El modo de vida de la gente varía mucho de acuerdo con el clima y el terreno. La costa norte de la Federación Rusa está cerrada por una capa de hielo. La *taiga*, extensos bosques de pinos y abedules, blanqueados por la nieve en los largos inviernos, cubre gran parte de sus planicies centrales. Al sudoeste se encuentran los pastizales de las estepas, donde los agricultores cultivan trigo y frutales. En la frontera sudeste hay montañas y desiertos.

Los pastores de Turkmenistán

Un pastor de la tribu nómade teke, usando su tradicional sombrero de piel de oveja. Este pueblo es famoso por sus hermosas alfombras que tienen intrincados diseños geométricos. Muchas de las alfombras son ahora tejidas en fábricas estatales en Bujara, para la exportación.

1. Esta mujer letona está bailando una danza popular de su región. Letonia estuvo bajo el dominio de la disuelta Unión Soviética, entre 1940 y 1991, pero los letones mantuvieron viva su propia herencia cultural.

LITUANIA

BELARÚS

UCRANIA

FEDERACION RUSA

GEORGIA

KAZAJSTÁN

TURKMENISTÁN

UZBEKISTÁN

KIRGUIZISTÁN

TAYIKISTÁN

2. Una joven en un concierto de rock en Moscú.

3. Hombre de la república de Georgia con la vestimenta tradicional de su país.

El invierno siberiano

Construir una plataforma petrolera en Siberia es un duro trabajo. La temperatura promedio en enero puede llegar a 50°C bajo cero. Siberia se encuentra al este de los Urales y cubre más de 13 millones de kilómetros cuadrados. Es una zona rica en petróleo, carbón, hierro y oro.

Cazando focas

Un esquimal, o yugyt, hace puntería durante una expedición de caza. Está envuelto en pieles para protegerse del frío ártico. Poca gente se las arregla todavía para sobrevivir de la caza en el remoto noreste. Ellos son los yugyt, los chukchee y los koryak.

4. Un anciano uzbeko en la antigua ciudad de Samarcanda. Sigue la fe musulmana.
5. Un hombre de Kyrguizistán espera que su lana sea clasificada. La gente de esta región vive en carpas cubiertas de fieltro, que se llaman yurts, en la alta meseta de Kyrguizistán, cerca de la frontera con China y Afganistán.

La frontera de Mongolia

Los buriatos son pueblos mongoles que viven en Rusia, Mongolia y China. Más de 300.000 buriatos habitan al sur del lago Baikal, en las estepas, cerca de las fronteras de Mongolia. Muchos de ellos han abandonado su vida nómade y viven en cabañas de madera.

39

Por varios siglos, los rusos estuvieron gobernados por emperadores, los zares. La gente común era muy pobre y tenía pocos derechos. En 1917 se produjo una revolución. El zar Nicolás II fue destituido y se estableció un estado comunista.

En 1941 la "Unión Soviética" se unió a los Aliados (Gran Bretaña, Francia y los EE.UU.) en la guerra en contra de la Alemania nazi. Después de la Segunda Guerra Mundial, se mantuvo una "guerra fría" entre los EE.UU. y la Unión Soviética. Mucha gente en el mundo temía que estallara una guerra entre las dos superpotencias. Ahora, que por las reformas se ha disuelto la Unión Soviética, la guerra fría ha terminado.

Mujeres trabajando

UNA mujer barre la calle mientras otra dirige el tránsito. Si viajas por la Federación Rusa verás mujeres que trabajan en los ferrocarriles, manejan ómnibus y trabajan en las fábricas. Otras son médicas, ingenieros, maestras y científicas. La primera mujer que viajó al espacio, Valentina Tereshkova, era rusa. Ésta es una de las consecuencias de la revolución de 1917, en la que las mujeres jugaron un papel muy importante. Hoy, el 85 por ciento de las mujeres trabajan. Sin embargo, en el hogar poco ha cambiado. Se espera todavía que las mujeres realicen la mayor parte de las tareas hogareñas, aún después de un duro día en una fábrica.

"Bendito es nuestro Dios..."

AL mismo tiempo que las voces del coro se elevan, el sacerdote levanta las velas mientras bendice a la congregación. Muchos cristianos pertenecen a la Iglesia Ortodoxa Rusa. Realizan sus ceremonias en hermosos templos con cúpulas redondeadas y decoradas con iconos (imágenes sagradas).

La fe ortodoxa se originó en Constantinopla, que hoy es la ciudad turca de Estambul. En el año 988 de nuestra era, un príncipe ruso, Vladimir, se casó con una hermana del emperador bizantino y se convirtió al Cristianismo Ortodoxo. Ésta pasó a ser la religión de los zares rusos. Iglesias ortodoxas también surgieron en Georgia y en Armenia.

Después de la revolución de 1917, el estado no aceptó la Iglesia Ortodoxa. Dos tercios de los templos fueron cerrados por los comunistas. En la actualidad el pueblo tiene libertad de seguir sus propias creencias. Además de cristianos ortodoxos, hay católicos romanos, protestantes, judíos, musulmanes y budistas en los países de la disuelta Unión Soviética.

¿SABÍAS QUE..?

FERROCARRIL TRANSIBERIANO

Lo que fue la Unión Soviética representa el 15 por ciento de la superficie terrestre total. La región es tan extensa que, cuando va cayendo la noche en el oeste, un nuevo día va aclarando en la costa este.

Moscú tiene el sistema de subterráneos más activo del mundo. Transporta hasta 6.500.000 pasajeros por día. Sus estaciones están decoradas con columnas de mármol, lámparas y estatuas de bronce.

La línea ferroviaria más larga del mundo se extendía por más de 9438 km. Los pasajeros del expreso Transiberiano tardan más de ocho días en viajar desde Moscú hasta Nakhodka, en la costa del Pacífico. Otros ramales se dirigen hacia el sur hasta China.

El pueblo más frío del mundo es Oymyakon, en Siberia, en el que se registraron temperaturas de 60°C bajo cero.

En la barra alta

El talento para el deporte se detecta desde una edad temprana. Los niños reciben un fuerte entrenamiento, además de sus lecciones normales, en escuelas de deportes especiales. Muchos gimnastas han ganado medallas olímpicas a temprana edad. Los deportes populares son el hockey sobre hielo, el patinaje sobre hielo, el atletismo y el fútbol.

LA VIVIENDA EN EL MUNDO

LOS primeros cazadores se refugiaban en cavernas o construían chozas simples con ramas y cueros de animales. Necesitaban moverse fácilmente de un lugar a otro mientras perseguían las manadas de animales, indispensables para su alimentación. Algunos pueblos todavía llevan una vida nómade en la actualidad. Ellos tienen también viviendas móviles; los pastores del norte de África y de Asia viven en carpas hechas con pieles o fieltro; los gitanos y otros viajeros viven en casas rodantes.

Las viviendas más permanentes se construyen con maderas o piedras de la zona o con modernos materiales de construcción, como cemento, acero, vidrio y plástico. Más de la mitad de las casas del mundo están hechas de barro, generalmente mezclado con paja y agua para hacer un ladrillo que se seca al sol. Las chozas hechas con ladrillos de barro son ideales para los climas calurosos porque son frescas y fáciles de construir.

La ubicación de la casa puede requerir métodos de construcción especiales. Las casas a orillas de los ríos se construyen con frecuencia sobre pilotes, por si se producen inundaciones. Los rascacielos se empezaron a construir en ciudades superpobladas, porque no había más lugar para construir que hacia arriba.

1. Los bosques de Norteamérica proveen madera para construir las viviendas.
2. Las chozas redondas, con techos de paja, de África Central se hacen con ladrillos de barro, secados al sol. Los pueblos pueden estar rodeados de vallas de arbustos espinosos para protegerse de animales salvajes.
3. Un ger o yurt es una tienda redonda hecha con cálido fieltro, usada todavía por los pastores de Mongolia. Puede soportar vientos de hasta 160 kilómetros por hora.
4. La carpa tradicional de los beduinos está hecha con pelo de cabra o de camello, extendido sobre una estructura de madera.
5. La pesca y el cultivo del arroz han atraído a los granjeros Tailandeses a vivir a orillas del agua. Sus casas están construidas sobre pilotes.
6. Los árabes que viven en las tierras húmedas de Irak, construyen casas de juncos sobre islas de barro y vegetación.
7. En Hong Kong hay poco espacio para construir nuevos edificios. Mucha gente vive en casas flotantes en los puertos.

ASIA

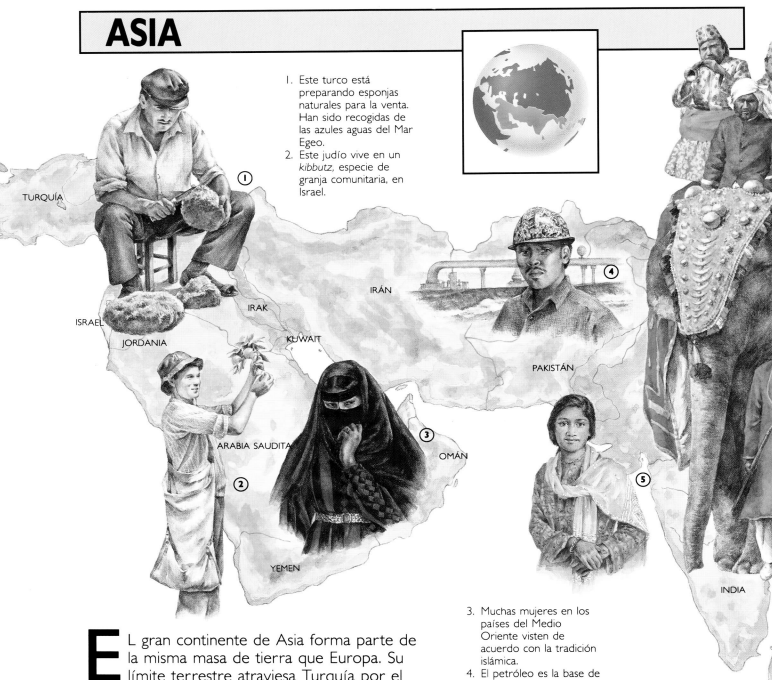

1. Este turco está preparando esponjas naturales para la venta. Han sido recogidas de las azules aguas del Mar Egeo.
2. Este judío vive en un *kibbutz*, especie de granja comunitaria, en Israel.

TURQUÍA

IRÁN

IRAK

ISRAEL

KUWAIT

JORDANIA

PAKISTÁN

ARABIA SAUDITA

OMÁN

YEMEN

INDIA

SRI LANKA

E L gran continente de Asia forma parte de la misma masa de tierra que Europa. Su límite terrestre atraviesa Turquía por el estrecho del Bósforo, y la Federación Rusa por los Montes Urales y el Río Ural. Hacia el este, limita con el Océano Pacífico y al sur con el Océano Índico. Al norte linda con el Océano Glacial Ártico.

Al oeste de Asia es una región de desiertos y montañas. Tres de las grandes religiones mundiales, el Judaísmo, el Cristianismo y el Islamismo tuvieron su origen entre gente de estas tierras. Fue aquí, también, que las primeras civilizaciones del mundo crecieron, en una zona entre los ríos Tigris y Éufrates, denominada Mesopotamia. Sus habitantes inventaron la escritura *cuneiforme* (ver pág. 15).

3. Muchas mujeres en los países del Medio Oriente visten de acuerdo con la tradición islámica.
4. El petróleo es la base de la riqueza para los países de Medio Oriente.
5. Esta estudiante hindú usa las joyas y sedas tradicionales.
6. Con el agua hasta las rodillas en los arrozales, las mujeres vietnamitas cuidan las nuevas plantas de arroz.
7. Recolectando nidadas de pájaros, el ingrediente vital para la sopa de nidos de pájaros, un manjar en China.
8. La danza balinesa es famosa por sus lujosas ropas e intrincados movimientos.

Una vida religiosa
En este templo de Tailandia, los jóvenes aprenden a ser monjes budistas. Se han rapado la cabeza y usan túnicas de color naranja. Muchas de las religiones mundiales se desarrollaron en Asia. El budismo fue fundado en India por Siddhartha Gautama, que nació alrededor del año 568 a.C. Más de 47 millones de tailandeses siguen la fe budista.

Por la libertad

Magníficos elefantes forman un desfile majestuoso a través de las calles de Nueva Delhi, la capital de India. El día de la República, que se celebra el 26 de enero, marca la independencia de la India. Desde 1858 hasta 1947, el país estuvo gobernado por los británicos.

En el sur de Asia, un gran triángulo de tierra se extiende dentro del Océano Índico. Este "subcontinente" es una región de planicies polvorientas, populosas ciudades y selvas. Esta zona, también, fue asiento de antiguas civilizaciones, a lo largo del río Indo. En la actualidad, el subcontinente de India es la región más poblada del mundo, con casi mil millones de habitantes.

A lo largo de toda su historia, el sudeste asiático fue invadido por extranjeros —colonizadores indios y chinos, comerciantes árabes y europeos deseosos de agregar tierras a sus imperios. En los últimos 40 años, países tales como Vietnam y Camboya se han visto desgarrados por la guerra. Ahora hay esperanzas de paz en esta hermosa región.

La gente de la montaña

El pueblo drukpa vive en Bután, un pequeño reino en lo alto de la cordillera de Himalaya. Pastorean yacs, bueyes montañeses de piel peluda, y cultivan arroz y cebada en los valles. Son budistas. Muchos hindúes originarios de Nepal, también viven en Bután.

BUTÁN

BANGLADESH

MYANMAR (BIRMANIA)

LAOS

TAILANDIA

CAMBOYA

VIETNAM

MALASIA

SINGAPUR

FILIPINAS

INDONESIA

Mujeres del desierto

Mujer beduina de los desiertos de Arabia Saudita, con sus túnicas y velo tradicionales. La mayoría de las mujeres sauditas llevan sus cabezas y caras cubiertas en público y siguen vistiendo y viviendo de acuerdo con la tradición islámica. Muchos beduinos todavía viven en sus carpas negras en el desierto (ver pág. 41), en las cuales las cuadras de los hombres y de las mujeres están separadas por "paredes" de brillantes colores tejidas con pelo de cabra.

El sudoeste de Asia se conoce como Medio Oriente o Cercano Oriente. El país más cercano a Europa (parte de su territorio se encuentra en ese continente) es Turquía. Hacia el sur están los pueblos árabes de la Península arábiga. Muchos de ellos viven en ciudades, pero otros son campesinos, y los beduinos llevan una vida nómade en el desierto. Algunos de los árabes del sur de Irak viven en casas de junco en tierras pantanosas, pescando y criando búfalos.

Los límites actuales de Turquía, Siria, Irán e Irak dividen las tierras tradicionales de los pueblos kurdos, nómades que vivían del pastoreo de ovejas y cabras. Los iraníes no son árabes sino descendientes de los antiguos persas. Hacia el este Irán limita con Pakistán y Afganistán, tierra de los pueblos Baluchi y Pashtun.

Se dice que los camellos de carrera pueden mantener una velocidad de 20 km por hora durante todo el día. En Arabia Saudita se llevan a cabo carreras especiales con los animales más veloces.

Las guerras santas

UN joven judío permanece de pie rezando contra el Muro de los Lamentos en Jerusalén. Este muro es sagrado para los judíos porque está cerca del sitio de su Templo, que fue destruido en el año 70 de nuestra era por los romanos. Forma parte de un muro más grande que rodea el Domo Musulmán de la Roca. En consecuencia

estuvo sujeto a muchas batallas en el pasado para obtener su posesión.

Los conflictos religiosos son todavía parte de la vida diaria de mucha gente en Medio Oriente. Después de la Segunda Guerra Mundial, cuando miles de judíos fueron perseguidos y asesinados por los alemanes nazis, se fundó el Estado de Israel como patria para el pueblo judío. Esto llevó a guerras con los árabes. que vivían en la región, y este conflicto sigue aún sin resolver. En el Líbano, hay guerra entre varios grupos de musulmanes y cristianos. En 1979, los musulmanes shiítas de Irán comenzaron la revolución islámica, imponiendo estrictas leyes islámicas. Temores por el nuevo gobierno revolucionario de Irán y disputas territoriales de larga data, prendieron la mecha para la guerra entre Irán e Irak en 1980, que duró 8 años.

Un derviche que gira

En la ciudad de Konia, Turquía, un hombre gira en una danza. Pertenece a los mevlevi, uno de los varios grupos conocidos como "derviches", que incorporan la danza como parte de sus ritos. Son seguidores de la secta sufí del Islam.

EL DINERO ALREDEDOR DEL MUNDO

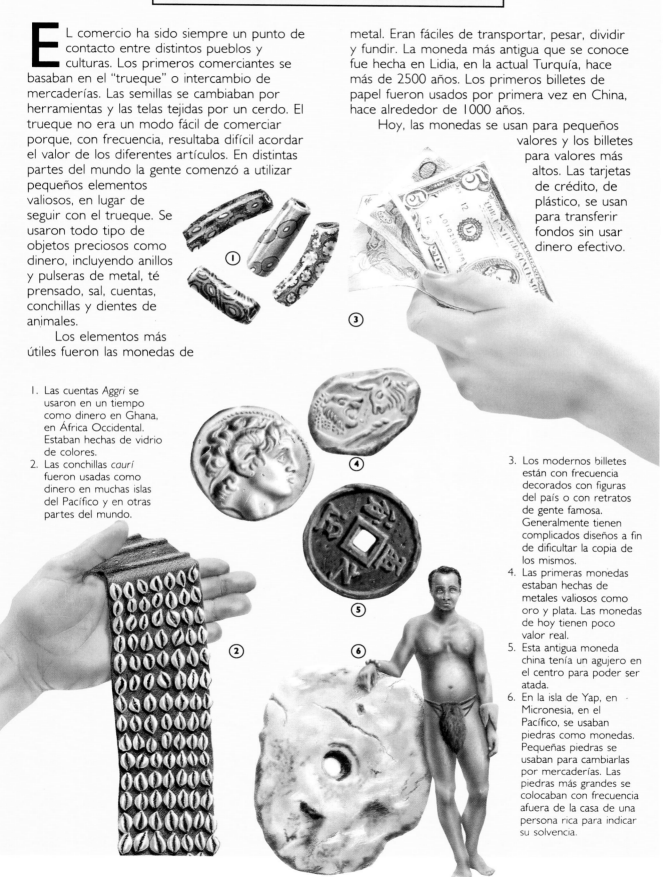

EL comercio ha sido siempre un punto de contacto entre distintos pueblos y culturas. Los primeros comerciantes se basaban en el "trueque" o intercambio de mercaderías. Las semillas se cambiaban por herramientas y las telas tejidas por un cerdo. El trueque no era un modo fácil de comerciar porque, con frecuencia, resultaba difícil acordar el valor de los diferentes artículos. En distintas partes del mundo la gente comenzó a utilizar pequeños elementos valiosos, en lugar de seguir con el trueque. Se usaron todo tipo de objetos preciosos como dinero, incluyendo anillos y pulseras de metal, té prensado, sal, cuentas, conchillas y dientes de animales.

Los elementos más útiles fueron las monedas de metal. Eran fáciles de transportar, pesar, dividir y fundir. La moneda más antigua que se conoce fue hecha en Lidia, en la actual Turquía, hace más de 2500 años. Los primeros billetes de papel fueron usados por primera vez en China, hace alrededor de 1000 años.

Hoy, las monedas se usan para pequeños valores y los billetes para valores más altos. Las tarjetas de crédito, de plástico, se usan para transferir fondos sin usar dinero efectivo.

1. Las cuentas *Aggri* se usaron en un tiempo como dinero en Ghana, en África Occidental. Estaban hechas de vidrio de colores.
2. Las conchillas *caurí* fueron usadas como dinero en muchas islas del Pacífico y en otras partes del mundo.
3. Los modernos billetes están con frecuencia decorados con figuras del país o con retratos de gente famosa. Generalmente tienen complicados diseños a fin de dificultar la copia de los mismos.
4. Las primeras monedas estaban hechas de metales valiosos como oro y plata. Las monedas de hoy tienen poco valor real.
5. Esta antigua moneda china tenía un agujero en el centro para poder ser atada.
6. En la isla de Yap, en Micronesia, en el Pacífico, se usaban piedras como monedas. Pequeñas piedras se usaban para cambiarlas por mercaderías. Las piedras más grandes se colocaban con frecuencia afuera de la casa de una persona rica para indicar su solvencia.

KASHMIR

PUNJABI

PAKISTÁN

URDU

SINDHI

HINDÍ

GUJARATI

ASAMÉS

BANGLADESH

BENGALÍ

INDIA

TELUGU

KANNADA

MALAYALAM

TAMIL

MUNDA

DRAVÍDICO

INDOEUROPEO

SRI LANKA

Hacia el noroeste de Pakistán, angostos caminos de montaña serpentean a través del Paso de Khyber en la frontera con Afganistán. Esta es la región de los granjeros y comerciantes pashtun. El pueblo pashtun vive de acuerdo con un código de conducta que se denomina 'Pakhtunwali'. Este código combina la gran hospitalidad con los extraños y visitantes, con un estricto reclamo de venganza por cualquier falta cometida. En años recientes, Afganistán y sus pueblos pashtun, han estado tristemente divididos por guerras civiles.

Los idiomas de la India

Muchas de las lenguas que se hablan en Europa y en Medio Oriente comparten un origen con las lenguas indoeuropeas del norte de la India. Los idiomas que se usan en India, que forman parte de este grupo son el hindi, punjabí, bengalí, urdu, asamés y kashmir. El hindí es la lengua oficial de la India y es hablado por alrededor de 265 millones de habitantes. El punjabí se habla en el noroeste de la India y en Paquistán; el bengalí en el noreste de India y en Bangladesh. El asamés es la lengua de las altas montañas del noreste. La mayoría de las lenguas sureñas pertenecen al antiguo grupo dravídico, que incluye el tamil, telugu, kannada y malayalam. Más antiguo aún que las lenguas dravídicas es el grupo munda, que no tiene escritura y que todavía es hablado por muchos pueblos tribales del noreste. El inglés sigue siendo muy usado en la región desde los días del gobierno colonial británico.

DE acuerdo con las tradiciones hindúes, los casamientos se arreglan entre los padres cuando los contrayentes son aún niños. El compromiso es seguido por los esponsales cuando la pareja tiene una edad adecuada. Se consulta a un astrólogo para asegurarse de que la fecha elegida para las ceremonias es propicia. La familia de la novia debe pagar una gran dote a la familia del novio. Se pretende que la novia y el novio pertenezcan a la misma casta, o clase social.

Algunas de estas tradiciones ya no se contemplan en la actualidad. Las leyes indias han intentado abolir los pagos de dotes junto con el sistema de castas. Sin embargo, estas consideraciones siguen siendo importantes entre algunas familias hindúes indias.

Ya sea que se pague una dote o no, el casamiento en la India puede resultar costoso. La novia usa elaboradas joyas y un sari de seda. El novio usa un turbante en su cabeza y se viste con ricas ropas. La bendición de la pareja por parte de un sacerdote hindú, es seguida por una fastuosa fiesta, con frecuencia con muchos invitados.

46

La gran ciudad de Bombay es centro de una de las más prolíficas industrias cinematográficas en el mundo. Se producen más de 800 filmes por año. Los filmes indios son famosos por sus ricas ropas y atractivas estrellas. El canto y la danza siguen con frecuencia el estilo tradicional.

Saliendo de Pakistán, a través de la polvorienta planicie de Punjab, se cruza la frontera con India cerca de la ciudad de Amritsar, donde se encuentra el magnífico Templo Dorado, el lugar más sagrado de la religión sikh. Aunque la mayoría de la gente de India practica el Hinduismo, hay también cristianos, sikhs, musulmanes y parsis con sus propias creencias religiosas.

India es una mezcla de muchos pueblos diferentes. Hay catorce idiomas oficialmente reconocidos, pero en realidad se hablan muchos más. Gran parte de la sociedad india se encuentra todavía dividida por el sistema hindú de castas, aunque los gobiernos modernos han tratado de desmembrar estas divisiones. La casta más alta es la de los brahmanes (sacerdotes), la más baja es la de los sudras (artesanos o trabajadores). Cada individuo nace en una casta y no puede moverse de ella ni casarse con una persona de otra casta.

La vida en la cima del mundo

ESTE sherpa nació y creció con la visión de las montañas más altas del mundo. El monte Everest se encuentra en la frontera entre Nepal y Tíbet y muchos turistas y alpinistas se aventuran desde la capital nepalesa de Katmandú para ver el gran pico por sí mismos.

El Everest fue conquistado por primera vez por un sherpa, Tenzing Norgay, junto con un neozelandés, Edmund Hillary, en 1953.

Muchos sherpas sirven como guías en la montaña. Están acostumbrados a las elevadas altitudes, a los empinados senderos rocosos y a la nieve. Otros llevan una vida tradicional, cultivando papas, rábanos, cebada y trigo sarraceno en los altos valles.

El pueblo sherpa profesa la fe budista. Nepal tiene muchos centros budistas sagrados, señalizados con banderas y ruedas de oraciones. Éstas son cilindros giratorios con inscripciones de los textos sagrados, que los peregrinos hacen girar.

Para los seguidores de la fe hindú, el Ganges es un río sagrado. Se lavan en sus aguas y diseminan las cenizas de sus muertos en él.

En Bangladesh la desembocadura del Ganges se abre para formar un enorme delta. Aquí, sus vías navegables son transitadas por buques mercantes cargados de yute y caña de azúcar. Las inundaciones y las tormentas amenazan con frecuencia a sus pobladores.

Budistas e hindúes

Un bailarín de Kandy en *Esala Perahara,* una festividad budista que se lleva a cabo en agosto en el pueblo de Kandy, en el centro de Sri Lanka. Sri Lanka es la tierra del pueblo cingalés que es budista. Cuando Sri Lanka estaba bajo el dominio británico, los trabajadores tamiles del sur de India fueron llevados a trabajar en las plantaciones de té y café. Sri Lanka se independizó en 1948, pero los años posteriores han estado marcados por crueles conflictos entre los cingaleses budistas y los tamiles hindúes.

La mitad oeste de la isla de Nueva Guinea está gobernada por Indonesia y se la denomina Irian occidental. En la profundidad de las tierras altas centrales, en las escarpadas pendientes del valle de Baliem, se encuentran las chozas del pueblo dani. Los dani todavía usan herramientas de piedra, madera y hueso y encienden fuego raspando palillos. Usan sal como elemento de trueque desde hace siglos. Su cultivo principal son las batatas, pero comen cerdo y verduras en banquetes especiales para festividades. Tradicionalmente, la mayor parte del trabajo en el campo era hecho por las mujeres mientras que los hombres demuestran habilidad en tejer cestos y redes, en trenzar sogas y hacer collares. Los dani fueron en una época un pueblo guerrero. Eran temidos como "cazadores de cabezas y caníbales. En los últimos treinta años, el gobierno indonesio ha iniciado el desarrollo de Irian occidental, construyendo rutas, escuelas y clínicas pero amenazando las viejas formas de vida.

En las tierras del este de India, grandes ríos fluyen hacia el sur desde las regiones altas hasta el mar. El arroz se ha venido cultivando en los fértiles valles de estos ríos, durante miles de años. Es la base alimenticia de los pueblos de esta región. Muchas civilizaciones florecieron en este lugar. Angkor Wat, un gran templo en la jungla camboyana, data del siglo XII. El Budismo y el Hinduismo son las religiones principales, traídas a la región por los comerciantes y colonizadores indios. La China también ha tenido influencia en esta región: hoy, casi el 15 por ciento de la población de Tailandia desciende de los chinos.

La riqueza del petróleo

El estado de Brunei ocupa dos pequeñas porciones de la isla de Borneo. Se independizó del dominio británico en 1983. Es una tierra de densas selvas donde la gente cultiva bananas, arroz y mandioca. Pero casi toda su riqueza proviene del petróleo. Se dice que su gobernante, o Sultán, es el hombre más rico del mundo.

48

Títeres javaneses

JAVA es una de las islas más grandes de Indonesia. Es famosa por su tipo de música rítmica, ejecutada por una gran orquesta de percusión, o *gamelan*, y por sus estilos de danza. Los títeres son otro tradicional entretenimiento en Java. Están hechos de cartulina y se mueven con alambres sostenidos con la mano. Se los hace actuar detrás de una pantalla de algodón que se ilumina desde atrás. Las sombras de los títeres en la pantalla semejan personajes fantásticos de un filme.

Se acompaña con música, mientras los héroes y los villanos de relatos bien conocidos y queridos libran batalla.

Plata y cuentas

EL pueblo Akha vive en las sierras de Tailandia. Las mujeres y bebés Akha usan hermosos y elaborados tocados. Los estilos varían de una región a otra: el tocado puede estar decorado con monedas, cuentas, botones, discos de plata, piel y plumas teñidas. Con el paso de los años se le agregan más y más elementos hasta que el tocado puede llegar a pesar cuatro kilogramos. Tailandia es un reino antiguo que siempre se mantuvo independiente del dominio europeo. Es productor de arroz, tapioca, azúcar y madera de construcción. El turismo ha pasado a ser una industria importante en años recientes, trayendo la influencia occidental a las ciudades. Pero la gente de la montaña sigue todavía los modos tradicionales de vida.

Un larga franja de tierra se extiende hacia el sur desde Tailandia en dirección a una gran cadena de islas. Esta región se divide entre Malasia, Indonesia, las Filipinas y los pequeños estados de Singapur y Brunei. Aquí también, las influencias chinas e indias se mezclaron con una amplia variedad de culturas locales. Se sigue ampliamente la fe islámica, traída a la región por comerciantes árabes, pero también hay budistas, hindúes y cristianos.

La región fue colonizada en otra época por los británicos y holandeses, que cultivaban y exportaban especias, caucho y tabaco. En la Segunda Guerra Mundial fue invadida por los japoneses. Hoy, está habitada por muchos pueblos diferentes, incluidos los malayos, dayak, chinos, indios, batak, javaneses, balineses, y molucos.

Por debajo de los altos edificios de oficinas, las calles de Singapur tienen un tránsito activo. Los letreros en las calles están escritos en chino, porque tres cuartos de la población de Singapur es de origen chino.

En 1819, Sir Stamford Raffles erigió a la ciudad de Singapur como puerto comercial británico. Lo hizo puerto libre, abierto a los comerciantes de todo el mundo. Muchos chinos comerciantes u obreros, llegaron en bodegas de barcos denominados "juncos", donde permanecieron hasta que un empleador los contrataba.

¿SABÍAS QUE..?

Los pueblos de Indonesia están diseminados en más de 13.000 islas. Éstas constituyen el grupo de islas, o archipiélago, más extenso del mundo. Diferentes pueblos se asentaron en las islas y por esta razón se han desarrollado más de 150 idiomas y dialectos diferentes con el paso del tiempo.

La capital de Tailandia se denomina oficialmente Krungthep Mahanakhon Bovorn Ratanakosin Mahintharayutthaya Mahadilokpop Noparatratchathani Burirom Udomratchanivetmahasathan Amornipimam Avatarnasathit Sakkathattiyavisnukarmprasit. ¡La mayoría de la gente la llama Bangkok!

En algunas partes de Indonesia la gente todavía vive en las tradicionales "casas largas". El pueblo sakkudei puede alojar hasta ocho familias en una misma casa.

EL LEJANO ORIENTE

CASI 1100 millones de personas viven en China, más que en cualquier otro país en el mundo. Cada franja de tierra cultivable debe ser aprovechada para proveer suficientes alimentos para tantas bocas hambrientas. China tiene más o menos la misma superficie de Europa y, dentro de sus límites hay 56 "nacionalidades" o pueblos distintos. Se hablan muchos idiomas y dialectos diferentes, aunque el chino standard (mandarín) es el idioma que habla más cantidad de gente en el mundo.

Hacia el norte, China limita con las vastas planicies y desiertos de la República de Mongolia. La península de Corea, al este, está dividida en dos países, Corea del Norte y del Sur. En Japón habitan japoneses y el pueblo ainu, que son minoría.

Los descendientes del Genghis Khan
Con su arco tenso, este flechero de Mongolia se parece a los que fueron sus ancestros. El gran guerrero de Mongolia, Genghis Khan, conquistó gran parte de Asia y Europa durante la Edad Media. En la actualidad, el arco y la lucha son habilidades que se practican como competencias deportivas. Muchos habitantes de Mongolia ya no viven una vida nómade sino que se han asentado en ciudades.

MONGOLIA

TÍBET

Hierbas para la venta
Arriba de un millón de personas del pueblo yao viven en el sur de China, en las provincias de Hunan, Guangdong y Guangxi. Las mujeres yao pueden ser vistas todavía con sus coloridas túnicas bordadas y sus tocados. Esta mujer está vendiendo hierbas secas en un mercado callejero en Tongdao. Las hierbas continúan teniendo un importante lugar en la medicina china.

COREA DEL NORTE

COREA DEL SUR

JAPÓN

CHINA

TAIWAN

1. Esta mujer tibetana usa collares de cuentas y trenzas.
2. Un anciano kazako cabalga a través de Xinjiang. Los kazakos viven en China, Afganistán y la ex-Unión Soviética.
3. China sigue siendo explorada para encontrar petróleo y gas. Los pozos de producción emplean a mujeres y varones.
4. La mayoría de los mongoles pertenece al pueblo kalkha. Algunos son todavía nómades.
5. En China, como en muchas partes de Asia, la vida de los campesinos representa todavía un trabajo extenuante.
6. China tiene el servicio civil oficial más antiguo del mundo, y hay muchos empleados gubernamentales.
7. Un día de trabajo de 16 horas por bajos salarios es común entre los costureros de Corea del Sur.
8. Típicos luchadores japoneses.

Un casamiento sintoísta

Los casamientos y festivales públicos se celebran con gran ceremonia en Japón. Vestida con sus galas tradicionales, esta joven japonesa contraerá matrimonio de acuerdo a los ritos de la religión sintoísta. El Sintoísmo, la "manera de los dioses", se basa en el respeto por el espíritu de la naturaleza, la familia y el estado. Tradicionalmente, el hombre es la cabeza del hogar en Japón. Trabaja largas horas para su empresa, mientras que su esposa maneja el hogar y cuida a sus hijos.

51

La vida de un estudiante chino

EN 1949, China pasó a ser comunista. Los escolares, los estudiantes y los oficinistas debieron dar una mano en las fábricas y los campos. Durante la década del 80, se dieron muchas reformas en China. Los productos de granja comenzaron a venderse en mercados privados y se permitió la entrada de empresas extranjeras. Muchos estudiantes deseaban más libertad. Durante 1989, miles de estudiantes realizaron demostraciones en la Plaza Tiananmen, en la capital china, Pekín. Muchos perecieron cuando los soldados dispararon para detener las protestas.

El arte de la acupuntura

Este maniquí muestra los puntos donde se pueden introducir la agujas en el cuerpo humano para el tratamiento denominado acupuntura. Éste es un método tradicional chino para la cura del dolor y la enfermedad. Las agujas no son dolorosas para el paciente. La medicina tradicional es muy popular en China y se la usa con frecuencia ahora en países occidentales.

Una artesana da los últimos toques a una vasija esmaltada. China tiene una larga tradición en artesanías finas. Durante siglos, la porcelana china, el tallado del jade y el trabajo en metal fueron famosos en todo el mundo. La seda se tejió por primera vez en China hace más de 3700 años.

El modo de vida tibetano

EN los altos pastizales de la meseta tibetána, las mujeres baten la leche de yac para hacer manteca. Ésta será mezclada con té y harina de cebada, o *tsampa*. El pueblo tibetano es budista y tiene su propio idioma. Muchos tibetanos desean ser independientes de China y desean ver a su líder religioso, el Dalai Lama, de regreso de su exilio en la India, en su palacio de Lhasa, la capital de Tíbet.

¿SABÍAS QUE..?

Todo tipo de ejercicios físicos y artes marciales son populares en China. El Tai chi chuan se realiza especialmente con movimientos lentos y elegantes del cuerpo. Al amanecer, se puede ver mucha gente en los parques de la ciudad practicando estos movimientos.

Antes de la llegada de los Comunistas al poder, en China, era práctica común ceñir los pies de las niñas jóvenes. Los pies crecían con deformidades y se veía en esto un signo de belleza. En la actualidad, están prohibidas prácticas tan crueles, pero todavía se pueden ver mujeres mayores rengueando por la calle.

La historia de la soja

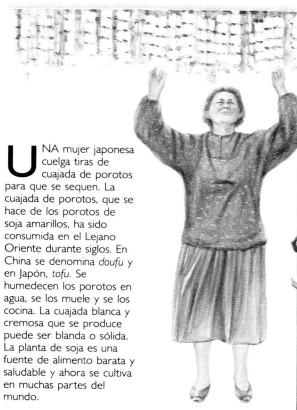

UNA mujer japonesa cuelga tiras de cuajada de porotos para que se sequen. La cuajada de porotos, que se hace de los porotos de soja amarillos, ha sido consumida en el Lejano Oriente durante siglos. En China se denomina *doufu* y en Japón, *tofu*. Se humedecen los porotos en agua, se los muele y se los cocina. La cuajada blanca y cremosa que se produce puede ser blanda o sólida. La planta de soja es una fuente de alimento barata y saludable y ahora se cultiva en muchas partes del mundo.

Cultivo de arroz en Japón

EL arroz se come en casi todas las comidas en Japón. Se cultiva en fértiles arrozales que reciben fuertes lluvias estacionales. En los últimos treinta años, el número de japoneses que trabajan en granjas ha disminuido, pues las maquinarias hacen ahora la mayor parte del pesado trabajo que antes insumía tanto tiempo. Esta máquina planta el arroz automáticamente. Se usan otras para arar los arrozales, para trillar y secar los granos. Japón produce todo el arroz que necesita, a pesar del hecho de que gran parte de su territorio es montañoso y no es apropiado para el cultivo.

Un hombre de negocios japonés participa de la ceremonia del té, o *chanoyu*. Este antiguo ritual japonés ha llegado a ser una celebración formal de cortesía y orden con el paso de los siglos. Es todavía una práctica generalizada en Japón.

Recordando el pasado

Desde 1392 hasta 1910, Corea estuvo gobernada por la dinastía Yi. En 1910, pasó a ser parte del imperio japonés. Después de la Segunda Guerra Mundial fue dividida en Corea del Norte, comunista, y Corea del Sur, capitalista. Aquí, un descendiente de la familia real Yi honra a sus ancestros en el santuario de Chongmyo en Seúl, la capital de Corea del Sur. La práctica de honrar a sus ancestros proviene de las ideas del filósofo chino Kong Fuzi, conocido en occidente como Confucio. Él creía en el orden social y el respeto por los mayores.

Tiempo de festividad

ES 15 de noviembre y este niño japonés está usando ropas tradicionales para su celebración 7-5-3. En esta fecha, los niños de cinco años y las niñas de tres y siete años visitan santuarios religiosos para asegurarse un futuro próspero y feliz. Otras festividades de niños son el Día de las Niñas, el 3 de marzo; y el Día de los Niños, el 5 de mayo. Toda la familia se une en estas celebraciones, como así también en las de Año Nuevo y en la de O-Bon, en pleno verano.

OCEANÍA

VISTO desde el espacio, el Océano Pacífico parece abarcar todo el planeta. Es la masa de agua más extensa de la Tierra, y cubre una superficie de casi 180 millones de kilómetros cuadrados. En algunos lugares, el océano tiene una profundidad de 11.000 metros. En otros, se elevan volcanes submarinos que irrumpen en la superficie del océano, formando islas. Muchas islas volcánicas en el Pacífico Sur están rodeadas de arrecifes de coral: algunas islas son sólo anillos de coral, o atolones, que quedaron cuando el volcán se volvió a hundir en el océano.

La región, conocida como Oceanía, incluye todas estas islas, además de masas de tierra más extensas como Australia, Nueva Zelanda y parte de Nueva Guinea. Debido a que la Línea Internacional de Cambio de Fecha atraviesa esta región, cuando un nuevo día comienza en Fiji, a sólo 800 kilómetros de distancia de allí, en Samoa Occidental, el día anterior ¡recién está comenzando!

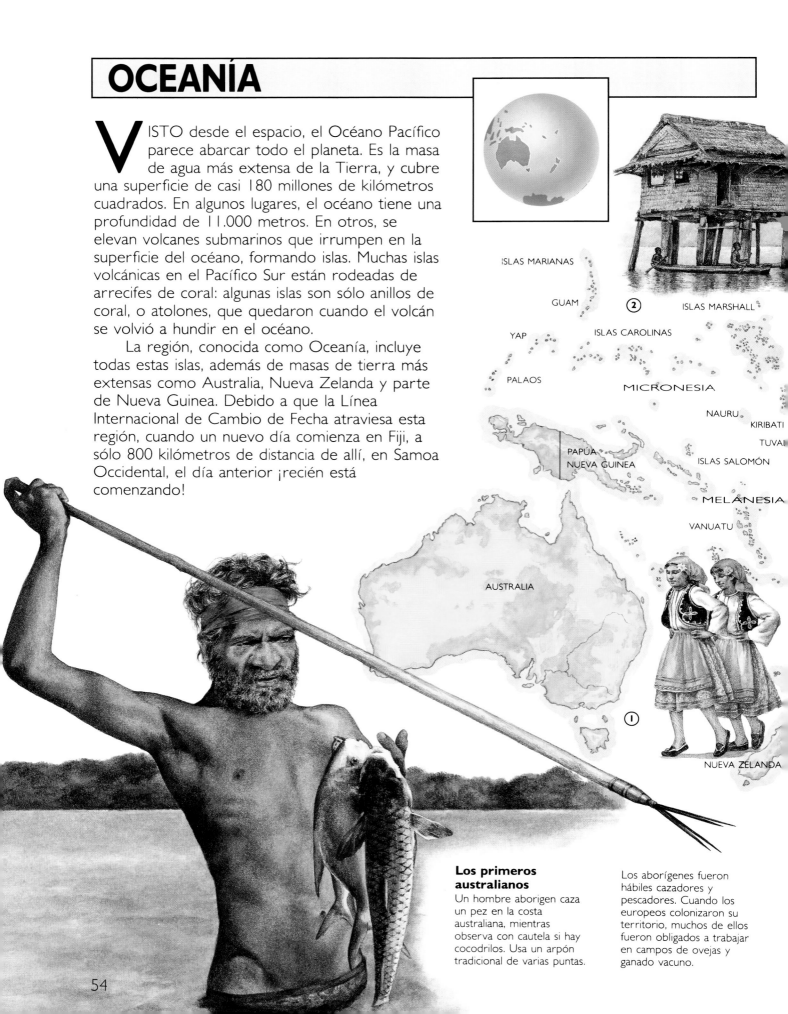

ISLAS MARIANAS

GUAM ② ISLAS MARSHALL

YAP ISLAS CAROLINAS

PALAOS MICRONESIA

NAURU

KIRIBATI

TUVAL

PAPÚA
NUEVA GUINEA ISLAS SALOMÓN

MELANESIA

VANUATU

AUSTRALIA

①

NUEVA ZELANDA

Los primeros australianos

Un hombre aborigen caza un pez en la costa australiana, mientras observa con cautela si hay cocodrilos. Usa un arpón tradicional de varias puntas.

Los aborígenes fueron hábiles cazadores y pescadores. Cuando los europeos colonizaron su territorio, muchos de ellos fueron obligados a trabajar en campos de ovejas y ganado vacuno.

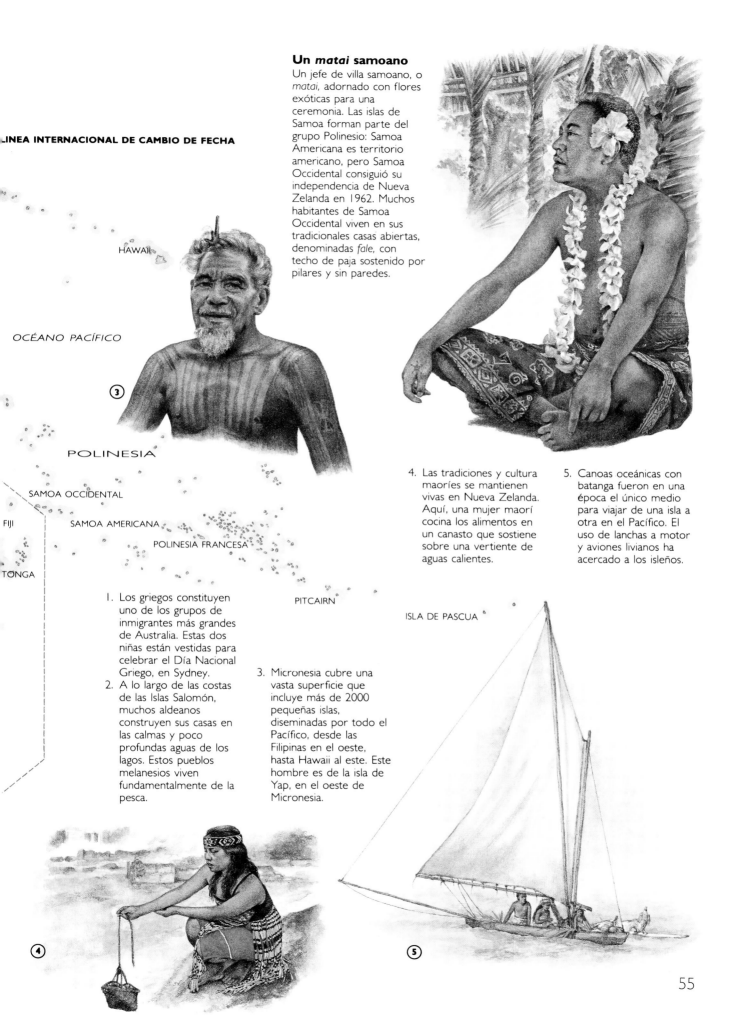

Un *matai* samoano

Un jefe de villa samoano, o *matai*, adornado con flores exóticas para una ceremonia. Las islas de Samoa forman parte del grupo Polinesio: Samoa Americana es territorio americano, pero Samoa Occidental consiguió su independencia de Nueva Zelanda en 1962. Muchos habitantes de Samoa Occidental viven en sus tradicionales casas abiertas, denominadas *fale*, con techo de paja sostenido por pilares y sin paredes.

HAWAII

OCÉANO PACÍFICO

③

POLINESIA

SAMOA OCCIDENTAL

FIJI

SAMOA AMERICANA

POLINESIA FRANCESA

TONGA

PITCAIRN

ISLA DE PASCUA

4. Las tradiciones y cultura maoríes se mantienen vivas en Nueva Zelanda. Aquí, una mujer maorí cocina los alimentos en un canasto que sostiene sobre una vertiente de aguas calientes.

5. Canoas oceánicas con batanga fueron en una época el único medio para viajar de una isla a otra en el Pacífico. El uso de lanchas a motor y aviones livianos ha acercado a los isleños.

1. Los griegos constituyen uno de los grupos de inmigrantes más grandes de Australia. Estas dos niñas están vestidas para celebrar el Día Nacional Griego, en Sydney.

2. A lo largo de las costas de las Islas Salomón, muchos aldeanos construyen sus casas en las calmas y poco profundas aguas de los lagos. Estos pueblos melanesios viven fundamentalmente de la pesca.

3. Micronesia cubre una vasta superficie que incluye más de 2000 pequeñas islas, diseminadas por todo el Pacífico, desde las Filipinas en el oeste, hasta Hawaii al este. Este hombre es de la isla de Yap, en el oeste de Micronesia.

④

⑤

55

Las granjas donde se crían ovejas, en Australia, con frecuencia cubren enormes extensiones de tierra. Se junta a las ovejas por medio de caballos, jeeps, motocicletas e incluso con helicópteros. La vida en las tierras áridas puede ser dura. La tierra es cálida y polvorienta y los vecinos más cercanos están a menudo a cientos de kilómetros de distancia.

Australia es el sexto país en el mundo por su extensión, pero tiene sólo 16 millones de habitantes. Esto es menos de un tercio de la población de Gran Bretaña. Gran parte de su territorio son desiertos o tierras de arbustos secos, donde es muy difícil vivir. Sin embargo, hay también zonas de selvas, montañas y pastizales. Se dice que hay diez ovejas por cada ser humano en Australia.

Los primeros pueblos australianos llegaron del sudeste de Asia hace alrededor de 40.000 años. Vivían de la caza y de la recolección de frutas secas y bayas. Su modo de vida no fue perturbado hasta la llegada de los primeros colonizadores europeos en 1788.

Poblando un continente

EN 1788, los británicos fundaron una colonia para presidiarios en lo que hoy es Sydney. Esto marcó el comienzo de la colonización de Australia por pueblos de otras partes del mundo. Sin embargo, el lugar era todavía territorio de los aborígenes, que habían vivido allí por miles de años. Cuando llegaron los europeos, había alrededor de 300.000 aborígenes en Australia. Pronto fueron superados por los recién llegados. Los colonizadores tenían un modo de vida muy diferente, y cambiaron el aspecto del continente cuando comenzaron a trabajar la tierra y a dedicarse a la minería para extraer oro y otros minerales como estaño, cobre, níquel y zinc.

En la actualidad sigue llegando gente a Australia desde Gran Bretaña, Irlanda, Escandinavia, los Países Bajos, Italia, Grecia y muchos países asiáticos. De esta mezcla de culturas surge una nueva nación.

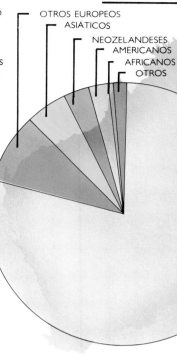

BRITÁNICOS E IRLANDESES | 1901
OTROS EUROPEOS
ASIÁTICOS
NEOZELANDESES
AMERICANOS
AFRICANOS
OTROS

Los dos gráficos muestran la cantidad de gente que vive en Australia, pero que ha nacido en otros países, en 1901 y en 1986.

Las danzas del tiempo de ensueño

Con el cuerpo pintado y adornado con hojas, estos aborígenes gagudju bailan en una de sus reuniones, denominada *corroboree*. Se mueven con el sonido del didgeridoo, tronco de árbol hueco que produce un sonido monótono y profundo cuando se sopla dentro de él. Algunas de las danzas rememoran batallas tribales, algunas se basan en movimientos de animales, como la danza del canguro.

Los aborígenes de Australia usaban herramientas y armas de madera y piedra, incluyendo el famoso búmerang. Creían que su tierra había sido creada por los espíritus, hace mucho

tiempo, en un "tiempo de ensueño".

Cuando llegaron los europeos, se apropiaron de la tierra de los aborígenes. Muchos fueron matados o murieron de nuevas enfermedades traídas por los colonizadores. De unos 300.000 que había en el momento de la llegada de los primeros europeos, quedan unos 60.000 hacia 1900. Sin embargo los aborígenes continúan luchando por su antigua cultura. Están reclamando sus derechos sobre las tierras tribales, mejores viviendas y trabajos. Algunos aborígenes se han asentado en comunidades tribales en un territorio destinado por el gobierno. Aunque ya no pueden llevar una vida nómada, son libres de cazar y conservar su cultura a través de pinturas, danzas y canciones.

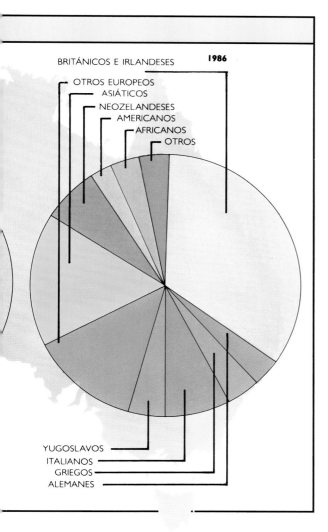

BRITÁNICOS E IRLANDESES **1986**

- OTROS EUROPEOS
- ASIÁTICOS
- NEOZELANDESES
- AMERICANOS
- AFRICANOS
- OTROS

YUGOSLAVOS
ITALIANOS
GRIEGOS
ALEMANES

Cruzando a través del estrecho de Tasmania, a dos mil kilómetros, se encuentra Nueva Zelanda, una nación formada por dos islas mayores y por muchas islas más pequeñas. Al este mira hacia la inmensidad del Pacífico sur. Nueva Zelanda tiene un clima fresco y benigno y allí hay muchas plantas y pájaros que no se encuentran en ningún otro lugar sobre la Tierra, como por ejemplo el kakapo y el kiwi.

Nueva Zelanda es un país ovejero y es reconocido también por su producción lechera. Sin embargo, de sus 3.500.000 habitantes, sólo un 10% trabaja en el campo. La mayoría vive en Auckland, Wellington y Christchurch, trabajando en la industria o el comercio.

El pueblo maorí

ALREDEDOR de 295.000 maoríes viven en Nueva Zelanda, descendientes de pobladores polinesios que navegaron hacia el oeste a través del Pacífico, hace más de mil años. Los maoríes lucharon contra los europeos que llegaron en el siglo XIX en un intento de retener sus tierras tradicionales. En la actualidad, muchos neozelandeses se esfuerzan para mantener viva la cultura maorí. Estos jóvenes están realizando una danza tradicional en un festival maorí.

Una nación del Pacífico

Nueva Zelanda gobierna varias islas del Pacífico y un gran número de isleños de Samoa y de las islas Cook viven en Nueva Zelanda. Los maoríes mismos son un pueblo polinesio. La mayoría de los neozelandeses son de ascendencia europea y el inglés es el idioma común.

Los guardavidas australianos reman ferozmente en una carrera con botes surfísticos, en una celebración de salvavidas de surf. El sol australiano atrae a los surfistas, nadadores y bañistas a sus hermosas playas. Grupos de guardavidas voluntarios patrullan las playas, dispuestos a ayudar a los surfistas y nadadores en peligro. Durante el verano, la vida transcurre al aire libre, con fiestas en la playa, navegando y haciendo deportes.

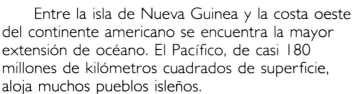

Una máscara de cabeza de jabalí de Melanesia. Muchas de las antiguas creencias religiosas del Pacífico han sido reemplazadas por el Cristianismo. Sin embargo, los pueblos de las islas mezclan a menudo el Cristianismo con los espíritus, fantasmas, hechicería y magia que provienen de sus creencias tradicionales.

Como presente, un cerdo

UN cerdo significa riqueza para el pueblo kawelka de Papúa Nueva Guinea. No sólo se lo cocina para las fiestas, sino que se lo entrega, en lugar de dinero, cuando un hombre paga por su novia. La gente que tiene muchos cerdos es considerada miembro importante de la sociedad. Si son generosos y regalan muchos cerdos, se los tratará como líderes. En una ceremonia denominada *moka,* se entregan presentes a la gente importante.

Cabezas de piedra

Se excava el suelo en la Isla de Pascua al este del Pacífico para revelar figuras colosales de piedra. Hay más de 600 de estas enormes estatuas en la isla. Fueron talladas y erigidas por los polinesios entre los años 1.000 y 1600, aunque continúa siendo uno de los grandes misterios del mundo cómo y cuándo las construyeron.

Entre la isla de Nueva Guinea y la costa oeste del continente americano se encuentra la mayor extensión de océano. El Pacífico, de casi 180 millones de kilómetros cuadrados de superficie, aloja muchos pueblos isleños.

Las cadenas de islas de Melanesia incluyen a Papúa Nueva Guinea, Fiji, Nueva Caledonia, Vanuatu y las Islas Salomón. Los pueblos melanesios son en su mayoría de piel negra y cabello enrulado. Sus islas fueron colonizadas por Gran Bretaña y Francia durante el siglo XIX y en algunos lugares por indios y otros pueblos asiáticos. La mayoría de las islas son ahora independientes. Durante siglos el único medio de transporte entre las miles de islas de Melanesia fue la canoa. Como resultado de este aislamiento, se desarrollaron diferentes lenguas y culturas.

Conchillas como dinero

58

La raíz de la planta de *taro*, o *ndalo*, es venenosa, hasta que se la hierve. Entonces se la usa como ingrediente básico para la cocina, en islas como la de Fiji. Algunas veces se celebra una gran fiesta. La comida puede incluir mandioca, camote, pollo, pescado, cerdo, verduras, coco, ananá y banana.

Se hablan alrededor de 700 idiomas diferentes solamente en Papúa Nueva Guinea.

Fiji está formada por casi 320 pequeñas islas, además de sus centros principales de Vanua Levu y Viti Levu.

Mujeres de las tierras altas del sur de Papúa Nueva Guinea de regreso a casa desde el mercado. Llevan sus compras en *bilums*, bolsos con correas, de colores brillantes que se usan en toda Papúa Nueva Guinea.

En la actualidad, aviones livianos y botes rápidos unen las islas del Pacífico. Al norte de Melanesia se encuentran las islas que forman la región conocida como Micronesia. La mayoría de las islas son pequeñas islas de coral. La isla más extensa de la región es Guam, que tiene sólo 550 km² de superficie. Los micronesios son hábiles marinos.

El grupo de la Polinesia se extiende desde Nueva Zelanda al sur hasta Hawaii al norte y la isla de Pascua al este. Esta región incluye islas volcánicas altas y atolones bajos o islas de coral, que rodean pacíficos lagos.

Una danza guerrera en Tonga

Los isleños del Pacífico son famosos por sus hermosas danzas, que bailan en fiestas y en ocasiones públicas. Esta danza fue en una época parte de la preparación para la guerra. Sin embargo, las islas de Tonga han venido disfrutando una vida pacífica por más de cien años.

Caminantes sobre fuego en Fiji

ESTOS hindúes de Mbengga en Fiji están realizando su ritual de caminar sobre el fuego en un templo hindú, como parte de una festividad religiosa. Se calientan guijarros en un hueco por medio de leños encendidos. Luego, los caminantes pasan sobre el hueco, sin que aparenten sentir ningún dolor.

Muchos indios fueron llevados a Fiji por los británicos, cuando las islas estaban bajo dominio colonial, para que trabajaran en las plantaciones de caña de azúcar. Con el tiempo, hubo más indios en la isla que nativos. Éste fue el origen de la mayor parte de los conflictos desde 1970, cuando Fiji logró su ndependencia.

EL pueblo lau vive en islas que han construido ellos mismos. Sus chozas están hechas sobre rocas apiladas sobre las aguas poco profundas de un lago de la isla Malaita, en el grupo de las islas Salomón. Cuando es el momento de su casamiento, la novia lau se adorna con túnicas de conchillas.

Tradicionalmente, se usaron conchillas o dientes de marsopas y murciélagos como dinero. Las conchillas que se usan en el casamiento, representan la dote, o precio nupcial.

GLOSARIO

América Latina: México, América Central y del Sur, región donde las principales lenguas son de origen latino.

Alimento básico: Parte elemental de una dieta, como el arroz o el pan.

Árabe: Pueblo originario de Arabia. Los árabes actuales habitan en la zona que abarca desde Marruecos en el oeste, hasta Irak en el este. Los árabes hablan la lengua árabe y siguen la fe islámica. Su lengua indica que son uno de los pueblos semíticos, relacionados con los judíos.

Bantú: Grupo de pueblos que hablan lenguas relacionadas entre sí y que viven en el centro y sur de África. El grupo incluye a los pueblos zulú, shona, sotho, swazi, ndebele y xhosa.

Bereber: (o berberisco) Grupo de pueblos que comparte una lengua común y que vive en las montañas y desiertos del norte de África.

Budismo: Conjunto de creencias basadas en las enseñanzas de Siddartha Gautama —Buda— (563-483 a.C.). Los budistas creen que la autonegación puede llevar a la ausencia de sufrimiento. Varias sectas se basan en él, en Tibet, Sri Lanka, sudeste de Asia y Japón.

Capitalismo: Sistema económico basado en la propiedad privada. La gente que opera en una sociedad capitalista es libre de hacer trabajar sus intereses económicos y su propiedad en condiciones competitivas, con el objeto de lograr ganancia.

Civilización: Una sociedad organizada que ha hecho avances en las ciencias y las artes. Por ejemplo, la civilización de los antiguos mayas, en América Central.

Colonia: 1. País gobernado por otro. La mayor parte de África estuvo dominada por Gran Bretaña y Francia durante el período colonial en los siglos XIX y XX.
2. Asentamiento de gente en tierra extranjera.

Comunismo: Sistema de organización social en el cual se reemplaza la propiedad privada por la propiedad y manejo de fábricas y tierras por parte del Estado.

Continente: Masa de tierra extensa y continua, como por ejemplo África.

Cristianismo: Creencia de que Jesucristo era Hijo de Dios. La Biblia cristiana se compone del Antiguo Testamento, respetado también por los judíos y musulmanes, y el Nuevo Testamento, que habla de las enseñanzas de Jesús. De él derivan el Protestantismo, el Catolicismo Romano y la Iglesia Ortodoxa.

Cultura: 1. Las costumbres y modo de vida de un grupo de gente.
2. El mundo de las ideas, artes y ciencias dentro de una civilización.

Descendientes: Gente que comparte ancestros comunes.

Dialecto: Cualquier variedad regional de una lengua.

Dravídicos: Grupo de pueblos que hablan lenguas relacionadas y que viven en el sur y centro de la India. Incluyen los tamiles y son más de 100 millones.

Esclavo: Persona considerada como propiedad de otra. Se fuerza a los esclavos a trabajar sin ninguna paga.

Guerra fría: Largo período de hostilidad en el cual la guerra no estalla. Desde la década del 50 hasta la del 80, los Estados Unidos y la ex Unión Soviética fueron enemigos, pero no lucharon entre sí.

Habitante: Persona que vive en una ciudad o región particular.

Hambruna: Amenazante escasez de alimentos, a menudo provocada por la sequía y la pérdida de las cosechas.

Hindú: Adherente al Hinduismo, una de las religiones de la India. El Hinduismo se basa en antiguas enseñanzas asentadas en los Vedas. Los hindúes creen en un espíritu único, Brahma, que se expresa en la forma de muchos otros dioses y diosas. Todos los seres vivientes tienen alma, y progresan a través de muchas vidas, o reencarnaciones.

Imperio: 1. Región gobernada por un emperador.
2. Un número de tierras conquistadas que están bajo un gobierno único.

Indio: 1. Habitante de la India.

2. Nativo de América. Cuando el explorador europeo Cristóbal Colón llegó a América, pensó que había navegado hasta la India por la ruta del oeste. Por error, llamó "indios" a los habitantes.

Irrigación: El riego de la tierra seca para facilitar el cultivo. El agua llega a los campos por medio de canales.

Islam: Creencia que sostiene que hay un solo dios, Alá. Su mayor profeta fue Mahoma (570-632). Las creencias de Mahoma están en el Corán, libro sagrado del Islam. Se honra también a los profetas de la Biblia. Entre las sectas del Islam se incluyen los sunníes y los chiítas.

Judío: 1. Integrante del pueblo originario de Medio Oriente, relacionado a los árabes. Los judíos se diseminaron por el mundo después de que los romanos saquearon Jerusalén (año 70). Muchos judíos retornaron a Medio Oriente en el siglo XX. Fundaron el estado de Israel en 1948.

2. Que adhiere al Judaísmo.

Judaísmo: La religión de los judíos. Sus leyes fueron asentadas hace 3000 años en los libros de Moisés, base de la escritura hebrea, o Torah, y en el Antiguo Testamento de la Biblia. Los judíos creen en un Dios, Yahveh o Jehová.

Maorí: Nativo de Nueva Zelanda, perteneciente a un pueblo polinesio.

Masa terrestre: Una gran extensión de tierra. Asia y Europa forman una masa terrestre única.

Mestizo: Descendiente de español e indio americano.

Migrar: Viajar a una larga distancia.

Mormón: Seguidor de la Iglesia de Jesucristo de los Santos de los Últimos Días, secta fundada en los Estados Unidos en 1830 por Joseph Smith.

Musulmán: Seguidor del Islam.

Nativo: Originario de una zona o región.

Nómade: Alguien que no se asienta en un lugar sino que se traslada en busca de caza, pastizales o comercio.

"Nuevo Mundo": Nombre que dieron los primeros colonizadores europeos a América.

Población: El número de gente que vive en un área determinada.

Raza: Dentro de una misma especie, un grupo de criaturas vivientes que comparten el mismo aspecto. Los seres humanos pertenecen todos a una misma especie, que los científicos llaman *Homo sapiens*.

Religión: Creencia o fe en un dios o dioses, y el sistema de culto que se sigue.

República: Una nación democrática independiente cuyo jefe de estado es elegido por la gente. Francia es una república, pero Gran Bretaña es todavía una monarquía, con un rey o una reina como cabeza del estado.

San: Pueblo del desierto del sur de África, llamado también bosquimano. Sus integrantes son hábiles cazadores, de contextura pequeña y piel castaño clara.

Secta: Grupo de gente dentro de una tradición religiosa que comparte las mismas creencias o ritos.

Sikh: Miembro de la secta fundada en la India por el Gurú Nanak Singh alrededor del 1500. Los hombres sikhs usan barba y atan su largo cabello con un turbante.

Subcontinente: Extensa masa de tierra que forma parte considerable de un continente. El subcontinente de India es parte de Asia.

Suburbios: Los distritos externos de una ciudad.

Trabajador migrante: El que viaja de un lugar a otro en busca de trabajo.

Tribu: Grupo de gente de ascendencia común, con sus propias costumbres y tradiciones.

Trueque: Sistema de comercio en el que se intercambian las mercaderías.

"Viejo Mundo": El mundo conocido antes del descubrimiento europeo de las Américas: Europa, el oeste de Asia y el norte de África.

Villa miseria: Zona de la ciudad en que las condiciones de vida son muy pobres.

ÍNDICE